SCHOTT
Musikwissenschaft

Schriften der Hochschule für Musik Würzburg

Zeitphilosophie und Klanggestalt

Untersuchungen zum Werk Bernd Alois Zimmermanns

Herausgegeben von Hermann Beyer
und Siegfried Mauser

SCHOTT
Mainz · London · New York · Tokyo

Bestellnummer: ED 7467

Design: Günther Stiller, Taunusstein
Printed in Germany · BSS 46 130

ISBN 3-7957-1795-7

INHALT

Vorwort

Die Hochschule für Musik in Würzburg will mit der Gründung einer eigenen wissenschaftlichen Publikationsreihe hochschulinterne Forschungsarbeit dokumentieren und fördern. Dabei sollen, dem primären Aufgabenfeld von Musikhochschulen entsprechend, systematische Aspekte im Zentrum stehen, die sich vor allem an musiktheoretischen, analytischen und musikpädagogischen Fragestellungen orientieren. Neben entsprechenden Beiträgen von Mitgliedern des Lehrerkollegiums dienen die im Rahmen von Examina abgefaßten Diplom- und Zulassungsarbeiten, die eine Publikation auf Grund ihres allgemeinen Niveaus rechtfertigen, als inhaltliche Grundlage.

Der vorliegende erste Band ist dem Werk Bernd Alois Zimmermanns gewidmet, auch um die besondere Verpflichtung von Hochschulen für die Pflege zeitgenössischer Musik zu signalisieren. Im Zentrum stehen Werkanalysen, die überarbeitete Fassungen der 1984 verfertigten Diplomarbeit im Studiengang Musiktheorie von Irmgard Brockmann und der 1983 entstandenen Zulassungsarbeit im Studiengang Lehramt an Gymnasien von Martina Hippe darstellen. Einleitend wurde der Versuch einer philosophischen Grundlegung der Zimmermann'schen Ästhetik unternommen, angefügt ist ein umfangreicher dokumentatorischer Anhang, zusammengestellt von Bernhard Huber, der erstmals eine umfassende Bibliographie enthält.

Zum Schluß sei Frau Gertrud Brenner-Caspers für die geduldige und engagierte Herstellung des Typoskripts und Herrn Manfred Knaak für die teilweise geleistete graphische Einrichtung gedankt.

Würzburg, im Juni 1986 — Hermann Beyer und Siegfried Mauser

Siegfried Mauser

DIE ERKENNTNISTHEORETISCHEN GRUNDLAGEN DER ZIMMERMANN'SCHEN ZEITPHILOSOPHIE

> *Was ists das geschehen ist? Eben das hernach geschehen wird. Was ists das man gethan hat? Eben das man hernach wider thun wird / Vnd geschicht nichts newes vnter der Sonnen. Geschicht auch etwas dauon man sagen möcht / Sihe / das ist new? Denn es ist vor auch geschehen in vorigen zeiten / die vor vns gewesen sind.*
>
> (Der Prediger Salomo I. 9, 10)

Die bisherigen Untersuchungen zu Zimmermanns musikphilosophischen Entwürfen orientierten sich vorrangig an den zentralen Termini *Kugelgestalt der Zeit* und *pluralistische Kompositionstechnik* [1]; dabei versuchten sie gleichermaßen die Zusammenhänge zwischen den beiden Phänomenen wie die möglichen historischen und zeitgenössischen Einflüsse aufzudecken. Die vorliegende Arbeit will dem gegenüber zunächst den Zeitbegriff der von Zimmermann für die eigene Theoriebildung als bedeutungsvoll angeführten Philosophen als solche darlegen, somit nicht retrospektiv verfahren, sondern nach einer gründlichen Diskussion der originalen Konzepte Ausblicke geben. Dadurch sollen über eine immer schon durch Zimmermanns Begrifflichkeit und Denken gefilterte Rezeptionsgeschichte hinaus Analogien im zeitphilosophischen Denken aufgedeckt werden. Außer einer kurzen, eher summarischen Zusammenstellung von *Zimmermanns außermusikalische* [n] *Quellen* [2], die auch die Bereiche der Literatur und bildenden Kunst mit einbezieht, fand bisher keine derartige Aufbereitung statt. Da ein auf Musik gerichtetes Denken das Phänomen der Zeit primär erkenntnistheoretisch auffassen wird - als grundsätzliche Möglichkeitsbedingung ihrer sinnlichen Erscheinung und Erfassung -, soll vorrangig dieser Aspekt an den jeweiligen Theorien herausgearbeitet und weiterführende metaphysische Einsichten nur am Rande berücksichtigt werden.

----

1) Vgl. dazu v.a.: Carl Dahlhaus: *'Kugelgestalt der Zeit'. Zu Bernd Alois Zimmermanns Musikphilosophie*, in: Musik und Bildung, 10. Jhrg., Heft 10, Mainz 1978, und Wilfried Gruhn: *Integrale Komposition - Zu Bernd Alois Zimmermanns Pluralismus-Begriff*, in: Archiv für Musikwissenschaft, Jhrg. XL, Heft 4, Wiesbaden 1983; zu weiterführenden Untersuchungen vgl. das Literaturverzeichnis im Anhang.
2) Andreas von Imhoff: *Zimmermanns außermusikalische Quellen*, in: MuB 1978

In *Intervall und Zeit* entwirft Zimmermann einen philosophiegeschichtlichen Abriß zum Phänomen der Zeit, den er an anderen Stellen mehrfach wiederholt. Als entscheidenden qualitativen Sprung begreift er hierbei den Schritt von einem objektiven, analog zum Raum entwickelten Zeitbegriff, der Dauer primär als Maß der Bewegung von Körpern definiert, zur Annahme einer *innerlichen und eigentlichen Zeit* [3]. Erstmals wurde die Bedeutung einer derartigen Bewußtseinszeit in der Philosophie des Augustinus entfaltet; dessen Entwurf soll den Ausgangspunkt und roten Faden der philosophiegeschichtlichen Reflexionen bilden, dem als weitere wichtige Stationen die Theorien Kants, Bergsons, Husserls und Heideggers angegliedert werden. Kaum berücksichtigt sind Denker, die zwar von Zimmermann im Zusammenhang mit den eigenen Überlegungen zur Zeit erwähnt, jedoch wie Plato, Aristoteles und Leibniz prinzipiell als Vertreter einer objektiven, somit der eigenen Konzeption fernstehenden Zeitphilosophie klassifiziert werden.

KURS: AUGUSTINUS

Eines der außerordentlichen und weit in die Zukunft weisenden Ergebnisse Augustinischen Denkens stellt zweifellos seine Psychologisierung des Zeitvollzugs dar, wenngleich ein traditionell theologisches Interesse diesen Vorgang lenkte. Er basiert im eigentlichen auf der sogenannten *Illuminationstheorie*, dem Kern der Augustinischen Erkenntnislehre, die nichts anderes besagt, als daß die Fähigkeit des Menschen, über relative Einzelerkenntnisse hinaus übergreifende Wahrheiten zu erfassen, eine Einwirkung Gottes voraussetzt. Die Erfassung von allgemeingültigen Gesetzmäßigkeiten wie denen der Mathematik verrät im menschlichen Bewußtsein die Präsenz von etwas Unwandelbarem, das auf die Einwirkung des relativen äußeren Sinneneindrucks reagiert und dessen allgemeine Wahrheit quasi beleuchtet. Insofern stellt die Augustinische Erkenntnistheorie eine Art christianisierte Anamnesislehre platonischen Modells dar: Letztere bestimmt Erkennen generell als Wiedererinnern - ein Verfahren, das in Platos *Menon* paradigmatisch durchgeführt wird; der *puer autodidactus* lernt innerhalb eines durch die Fragen des Sokrates gelenkten Wiedererinnerungsprozesses ein mathematisches Grundgesetz kennen. Der Erkenntnisakt - und somit auch der ihn tragende Zeitverlauf - trägt stark introspektive Züge, da er sich darauf beschränkt, implizit immer schon Gewußtes nach außen zu kehren. Die Möglichkeit dazu bietet die simultane Ansammlung vormals geschauter, jetzt weitgehend vorbewußter ideeller Wahrheiten, die sich im konkreten Erkenntnisprozeß sodann sukzessive entfalten. Die Dimension der Zeit als Kate-

----

3) Sämtliche Zitate Zimmermanns nach: *Intervall und Zeit*, Aufsätze und Schriften zum Werk, herausgegeben von Christof Bitter, Mainz 1974, hier S. 12

gorie der Erkenntnis zeigt sich so bereits bei Plato latent an Bewußtseinsvollzüge gebunden, auch wenn dieser Aspekt nicht weiter expliziert wird.

Für Augustinus ist theologisch in erster Linie die Existenz eines erworbenen Vorwissens unannehmbar, da dieses die Präexistenz der menschlichen Seele voraussetzen würde, wie sie sich im platonischen Bild einer Art informativer Himmelsfahrt vor der eigentlichen menschlichen Existenz ausdrückt. Vielmehr wird die daraus resultierende Zuständlichkeit ideellen Vorwissens, das im konkreten Fall die Wiedererinnerung an allgemeine Gesetzmäßigkeiten ermöglicht, bei Augustinus zum erleuchtenden Einwirken Gottes umgedeutet, das zugleich neben umgreifenden Erkenntnissen über die Dinge zur Erkenntnis der ewigen Wahrheit Gottes selbst führen kann: *Von daher kam mir die Mahnung, zu mir selbst zurück zu gehen und so bin ich unter Deiner Führung in mein Innerstes eingetreten und habe mit dem Auge meiner Seele, so trüb es auch noch war, über diesem Seelenauge und über meinem Verstand das unwandelbare Licht erblickt..... es war anders, ganz anders als alle Lichter sonst..... wer die Wahrheit kennt, der kennt es, und wer es kennt, der kennt die Ewigkeit* [4]. So ergibt sich eine für die Augustinische Erkenntnistheorie wie Zeitauffassung typische Pendelbewegung: Die Illumination des absoluten Gottes im Erkenntnisvollzug, der so die Wahrheit des Relativ-Vereinzelten in allgemeinen Erkenntniswerten aufscheinen läßt, wird rückkoppelnd zum Ausgangspunkt einer auf Gotteserkenntnis gerichteten Introspektion - Erkenntnistheorie wird somit in theologische Mystik eingebettet. Auf die Ebene der Zeit bezogen heißt das, daß das Zeitlos-Ewige die Möglichkeitsbedingung einer in Vergangenheit, Gegenwart und Zukunft auseinandergelegten Zeiterfahrung des Relativen darstellt, die jedoch ihrerseits bei genauer Betrachtung die Zeit-Ganzheit als ihr eigentliches Wesen verrät: Einmal insofern, als das scheinbar Unbezweifelbarste des alltäglichen Zeitgefüges, nämlich die jeweilige Gegenwart, als solche nicht faßbar ist: *Könnte man sich einen Zeitabschnitt denken, der in keine auch noch so winzige Augenblicksteilchen zerlegt werden könnte, so würde er allein es sein, den man gegenwärtig nennen könnte. Doch der fliegt so reißend schnell aus der Zukunft hinüber in die Vergangenheit, daß er sich nicht zur Dauer ausdehnen kann. Denn wäre da eine Ausdehnung, müßte sie wiederum in Vergangenheit und Zukunft geteilt werden. Für die Gegenwart aber bliebe kein Raum* [5].

Existiert somit das scheinbar Real-Zuständliche der Gegenwart bei genauem Besehen nur als fortlaufende Schnittlinie zwischen Zukunft und Vergangenheit, so könnte eigentlich nur letzteren beiden genuine Zeitlichkeit zugesprochen werden; aber auch deren reale Existenz muß auf Grund ihres

----

4) Augustinus: *Bekenntnisse*, übertragen von Wilhelm Thimme, Stuttgart 1967, VII. Buch, S. 188
5) Augustinus, *Bekenntnisse*, XI. Buch, S. 336

Gewesenseins beziehungsweise Nochnichtseins verworfen werden, so daß Augustinus resümieren kann: *Was aber jetzt klar und deutlich ist, das ist dies: Weder das Zukünftige ist noch das Vergangene, und man kann auch von Rechts wegen nicht sagen, es gebe drei Zeiten, Vergangenheit, Gegenwart und Zukunft* [6]. So weist das reale Zeitgefüge aus sich selbst heraus über sich selbst hinaus, da Gegenwart, Vergangenheit und Zukunft im eigentlichen nicht real sind. Vielmehr sind sie Phänomene unseres Bewußtseins, und zwar der ihm eigentümlichen kontinuierlichen Gegenwärtigkeit, die sich nicht mit der unfaßlich-flüchtigen der realen Lebenswelt deckt. Damit ist der entscheidende Schritt von der Annahme einer objektiven Zeiterfahrung, die quantitativ-chronometrisch bestimmbar ist, zur subjektiven Erlebniszeit eines qualitativ bestimmten Zustands getan. Der neu gewonnene Bewußtseins-Zeitvollzug, *Gegenwart des Vergangenen, Gegenwart des Gegenwärtigen und Gegenwart des Zukünftigen* wirkt *in der Seele, und anderswo sehe ich sie nicht,* und zwar insofern als *Gegenwart des Vergangenen die Erinnerung, Gegenwart des Gegenwärtigen die Anschauung, Gegenwart des Zukünftigen die Erwartung* [ist] [7].

EXKURS I: KANT

Auch in der Kant'schen Erkenntnistheorie findet eine Subjektivierung des Zeitvollzugs statt. Seine Lehre von der Zeit innerhalb der *Transzendentalen Ästhetik* der *Kritik der reinen Vernunft* begreift diese als eine apriorische Form der Anschauung, und zwar der inneren Anschauung, was bedeutet, daß sie zunächst als Form unserer gleichzeitig oder nacheinander auftretenden Vorstellungen und Gefühle auftritt. Da sich uns jedoch alles Äußere ebenfalls in der Erkenntnis als Vorstellung mitteilt, ist die Zeit sekundär auch die Möglichkeitsbedingung äußerer Anschauung. Insofern ist sie dem Raum als rein äußerlicher Anschauungsform vorgeordnet, da alle Wahrnehmungen unter den inneren Sinn fallen, das heißt alle Raumanschauung auch zeitlich vollzogen werden muß, jedoch nicht umgekehrt: *So ist die Zeit eine Bedingung a priori von aller Erscheinung überhaupt, und zwar die unmittelbare Bedingung der inneren (unserer Seelen) und eben dadurch unmittelbar auch der äußeren Erscheinungen* [8]. Allerdings erhält sie auch empirische Realität, *d.i. objektive Gültigkeit in Ansehung aller Gegenstände, die jemals unseren Sinnen gegeben werden mögen* [9], das will heißen, ausschließlich innerhalb des Prozesses erkennender Anschauung und nicht als ein eigenständig Existierendes: *Aber sie ist nicht mehr objektiv, wenn man von der Sinnlichkeit unserer Anschauung, mithin derjenigen Vorstellungsart, welche uns eigentümlich ist, abstrahiert, und von Dingen überhaupt redet.*

----

6) Augustinus, *Bekenntnisse*, XI. Buch, S. 340
7) Augustinus, *Bekenntnisse*, ebenda
8) Immanuel Kant: *Kritik der reinen Vernunft*, hrsg. von Wilhelm Weischedel, Frankfurt 1974, S. 81
9) Kant, *Kritik der reinen Vernunft*, S. 82

Die Zeit ist also lediglich eine subjektive Bedingung unserer (menschlichen) Anschauung (welche jederzeit sinnlich ist, d.i. sofern wir von Gegenständen affiziert werden), und an sich, außer dem Subjekte, nichts[10].

Kants erkenntnistheoretische Subjektivierung der Zeit zum Apriori der konkreten sinnlichen Anschauungen geht nicht so weit wie die mystisch orientierte des Augustinus. Empirische Zeit als chronometrische mit Gegenwart, Vergangenheit und Zukunft wird nicht wie dort mit einem quasi sprachlogischen Trick eliminiert, sondern behält insofern objektive Gültigkeit, als sie sich im Akt der sinnlichen Wahrnehmung als deren Möglichkeitsbedingung mitteilt und somit ihr auch angehört. Zeit wird damit zweifach bestimmt, einmal transzendental-ideal, das heißt dem Erkenntnisapparat - Augustinus' Seele beziehungsweise Bewußtsein zugehörig - zum anderen empirisch-real als meßbare Bedingung aller sinnlichen Erfahrung. Kant setzt damit das Zeitgefüge von Vergangenheit, Gegenwart und Zukunft nicht pauschal außer Kraft wie es innerhalb des Augustinischen Gesamtzeit-Bewußtseins geschieht. Er betont gerade auch deren reale Ordnungsfunktion und damit Existenz in der sinnlichen Erfahrung, das heißt, daß die Zeit in der inhaltlich gebundenen Form des konkreten Erkenntnisakts quantitativ-chronometrischen Gesetzen gehorcht, während auf die Ganzheitserfahrung der Zeitstruktur nur formal im Sinne einer notwendigen apriorischen Erkenntnisform des Bewußtseins verwiesen wird. Die inhaltliche Mystifikation, die sich in der Augustinischen Illumination während des Erkenntnisvorgangs zeigte, ist einer säkularisierten kritischen Analyse gewichen, die neben einer formal-idealistischen Dimension der Zeit die alltäglich-chronometrische Erfahrung als deren bedeutsame inhaltliche Konkretion beläßt. Innerhalb dieses für Kants Philosophieren typischen Spannungsfeldes zwischen Idealismus und Realismus, der selbst ein unerkennbares *Ding an sich* zuläßt, akzentuiert Zimmermann eindeutig den transzendental-philosophischen Aspekt: die Bezüge auf Kant verweisen, fast wörtlich zitiert, ausschließlich auf die Zeit *als apriorische Anschauungsform des Subjekts, und zwar seines inneren Sinnes*[11], während der empirische Bereich als den Dingen in der sinnlichen Anschauung objektiv zugehörig nicht aufscheint. Die Augustinisch geprägte Auffassung einer zuständlichen, inhaltlich gefüllten Bewußtseinszeit lag Zimmermanns Denken näher und läßt sich nur partiell mit dem formal geprägten erkenntniskritischen Verfahren Kants zur Deckung bringen.

----

10) Kant, *Kritik der reinen Vernunft*, S. 82
11) Zimmermann, *Intervall und Zeit*, S. 13

EXKURS II: BERGSON

Die qualitative Bestimmung der Erlebniszeit des reinen Bewußtseins bildet erstmals bei Bergson den Ausgangspunkt des Philosophierens. In der *Untersuchung über die unmittelbaren Gegebenheiten des Bewußtseins* entwickelt er in diesem Zusammenhang den Begriff der *reinen Dauer: Sie ist die Form, die das Nacheinander unserer Bewußtseinszustände annimmt, wenn unser Ich sich leben läßt, wenn es darauf verzichtet, zwischen dem gegenwärtigen Zustand und den früheren Zuständen eine Scheidewand aufzurichten* [12]. Diese Scheidewand, die das echte Zeiterleben als reine Dauer verhindert, resultiert nach Bergson aus der unzulässigen Überlagerung des Zeitbegriffs mit Vorstellungen aus dem Bereich des Räumlichen. Daraus resultiert die gemessene Zeit der Wissenschaft, die in einem quasi räumlich gedachten Nebeneinander Vergangenheit von Gegenwart scheidet: Bewegung erscheint so als Übergang von einem Zeit(-Raum)punkt zum anderen, der sich durch die Scheidewände von Maßeinheiten festlegen läßt. Der Zeit wird so fälschlicherweise die Homogenität und Simultaneität des Raumes beigelegt, die den Akt des Vermessens - seinem Charakter nach eines Zählens von Gleichartigem und Gleichzeitigem - ermöglicht. Zeit wird so zum *Phantom des Raumes, das das reflektierte Bewußtsein wahnverfolgt* [13]. Die Erlebniszeit des reinen Bewußtseins dagegen ist heterogen, nicht fixier- und damit meßbar, ein unteilbares Fließen ohne geordnetes Nebeneinander. Diese in sich zusammenhängende Dauer wirkt als reine Bewegung in qualitativer Vielstelligkeit und kann ihrem Charakter nach nicht innerhalb rationalisierter Erkenntnisprozesse primär naturwissenschaftlicher Orientierung wirksam werden; sie erschließt sich erst in der intuitiven Erkenntnis der eigentlichen Bewußtseinsstruktur, die so gleichzeitig ins Innere der Dinge selbst vordringt: *Kontinuität der Veränderung, Fortbestehen der Vergangenheit in der Gegenwart, wirkliche Dauer - das lebende Wesen scheint diese Eigenschaften durchaus mit dem Bewußtsein zu teilen* [14].

Die Zeitinterpretation Bergsons erweist sich damit in ihrem Kern ebenfalls als eine psychologische: Bewußtsein als reine Dauer läßt fast in tiefenpsychologischem Sinn Vergangenheit in der Gegenwart fortbestehen. Die Abgrenzung der im eigentlichen zeitlich erlebten Dauer der Bewußtseinssphäre gegenüber der äußerlich-wissenschaftlichen Chronometrik wird methodisch allerdings auf Kosten einer Enträumlichung der Zeit vollzogen, die sowohl dem Augustinischen wie dem Zimmermann'schen Denken fernsteht. Die Aufhebung des Zeitgrundmusters Vergangenheit, Gegenwart und Zukunft ereignet sich nach Bergson in der intuitiven Schau eines dynamischen Be-

----

12) Zitiert nach: Arthur Hübscher: *Von Hegel zu Heidegger*, Stuttgart 1961, S. 104
13) Zitiert nach: René Verdenal: *Die Philosophie von Bergson*, in: *Die Philosophie im Zeitalter von Industrie und Wissenschaft*, hrsg. von Francois Chatelet, Frankfurt 1975, S. 222
14) Hübscher, a.a.O. S. 110

wußtseins-Zeitstroms, der keinerlei Zerteilung zuläßt, während bei Augustinus eine apriorische Bewußtseins-Zuständlichkeit die scheinbare Unterscheidbarkeit aufhebt. Erkenntnistheoretisch ist hier das In-sich-Kreisen eines geschlossenen Bewußtseins-Raumes Modell der echten Zeiterfahrung, nicht das Fortschreiten eines unteilbaren Dauernverlaufs. Auch der Zimmermann'sche Begriff der Kugelgestalt und die damit zusammenhängende Tendenz zur Zeitaufhebung im Stillstand räumlich-simultaner Pluralität zeigt deutlich, daß seine *Auffassung von der musikalischen Zeit einer Konzeption des Tonraums gleich*[kommt][15]. Trotz dieser tiefgreifenden Differenz zur antiräumlichen Erlebniszeit Bergsons trifft dessen konsequent gegen einen *mechanistisch-rationalistischen Zeitbegriff*[16] entwickelte Vorstellung einer reinen Dauer in ihrer radikalen Bewußtseinsbezogenheit ein Zentrum Zimmermann'schen Denkens, auch wenn ihm die *unio mystica* des Augustinischen Bewußtseins-Zeitraums näherstand[17].

EXKURS III: HUSSERL

Husserls Zeitphilosophie ist eingebunden in sein phänomenologisches Verfahren; darin geht es, auf die einfachste Formel gebracht, um die Erklärung der Art und Weise, wie sich die Dinge der Lebenswelt als Phänomene des menschlichen Bewußtseins konstituieren. Dieses stellt sich ganz im Bergson'schen Sinn als vielfältiger Erlebnisstrom dar, dem die Zeit Einheit in der Mannigfaltigkeit garantiert, und zwar dadurch, daß sie die verschiedenartigsten Erlebnisse formal als die je eigenen identifiziert und so in eine erlebniszeitliche Zugehörigkeit bringt und das gleichzeitige Wissen des Bewußtseins um diese Fähigkeit, die auf eine quasi vorgegenständliche Zeitstruktur hinweist, nennt Husserl *Inneres Zeitbewußtsein*[18)].

----

15) Christian Martin Schmidt: *Brennpunkte der Neuen Musik*, Köln 1977, S. 102
16) *I.u.Z.*, S. 12
17) Auf die Differenzen zwischen eigenen, akribisch genau durchgeführten kompositionstechnischen Meßvorgängen, die in den folgenden analytischen Untersuchungen exemplarisch aufgezeigt werden, und der positiven Rezeption der Bergson'schen reinen Bewegung und Dauer hat schon Carl Dahlhaus hingewiesen; a.a.O. S. 634
18) Vgl. dazu: Edmund Husserl: *Vorlesungen zur Phänomenologie des inneren Zeitbewußtseins*, hrsg. von Martin Heidegger, Tübingen 1980

Ebenso wird jedoch die Existenz der Wahrnehmungsgegenstände in einer objektiven Zeit angenommen, das heißt diese existieren unverrückbar und dadurch meß- und datierbar über eine Folge feststellbarer Zeitpunkte hinweg. Daraus folgt, daß *die Weise, wie das immanent-zeitliche Objekt in einem beständigen Fluß 'erscheint', wie es 'gegeben' ist* nicht bedeutet, *die erscheinende Zeitdauer selbst* [zu] *beschreiben*[19]. Das erkenntnistheoretische Grundproblem der phänomenologischen Zeitanalyse lautet demnach: Wie konstituiert sich für den kontinuierlichen Zeit-Erlebnisstrom des Bewußtseins die objektive Zeit meßbarer Dauern, wie sie die Dingwelt auszeichnet? Mit der Stellung dieser Frage trennt sich gleichzeitig die Husserl'sche Zeitphilosophie von der Bergson'schen, nach der die gemessene Zeit als verräumlichte und damit eigentlich zeitfremde gerade keine Rolle innerhalb des kontinuierlichen Bewußtseins-Zeitstroms spielen darf. Da es Husserl jedoch primär um die Erscheinung der realen Lebenswelt im Bewußtsein geht, muß es ihm auch um die der objektiven Zeit im inneren Zeitbewußtsein gehen.

Dafür nimmt er eine Art Zeithorizont an, der sich, basierend auf der vorgegenständlichen Bewußtseinszeit, im konkreten Jetzt dinglicher Zeiterfahrung bildet; dieses ruft ihn quasi hervor und bleibt auch das Bezugszentrum, so daß die aktuelle Gegenwart die eindeutige Vorrangstellung innerhalb meiner Bewußtseinserfahrung hat und die Wahrnehmung von Vergangenheit und Zukunft als Vergegenwärtigung von Erinnerung und Erwartung zu interpretieren sind. Der Zeithorizont des Bewußtseins gründet somit in der primären Gegebenheitsweise der *Gegenwärtigung* - eine Erkenntnis, die der Zeit-Einheit des Augustinischen Denkens nahesteht. Allerdings akzentuiert diese stärker eine verräumlichte Bewußtseinszuständlichkeit, in der das zeitliche Ablaufsgefüge durch die illuminierende Präsenz Gottes aufgehoben wird; bei Husserl dagegen verläuft die Vergegenwärtigung dynamisch, eingebunden in einen fortschreitenden Prozess des phänomenalen Bewußtseins. Der Gegenwart selbst wird dabei eine je nach Erlebnisfeld zu durchlaufende variable Breite zugesprochen: Sie ist nicht wie bei Augustinus unfaßlich-flüchtiger Schnittpunkt zwischen Vergangenheit und Zukunft, sondern verlaufende Zeitbreite mit einem zentralen Gegenwartskern und Randzone. Dadurch formuliert das zeithorizontale Bewußtsein je nach auftretender Erlebnisdichte und -dehnung eine je unterschiedlich lange Gegenwart, die ihrerseits wieder in bestimmtem Verhältnis zu weiter und näher liegenden Ereignissen vergegenwärtigbarer Vergangenheit beziehungsweise Zukunft steht - diese freilich nur als Bestandteile der *Retention* beziehungsweise *Protention* innerhalb des Bewußtseins gesehen[20].

----

19) Husserl, a.a.O. S. 386

20) Auf diese beiden wichtigen Begriffe der Husserl'schen Phänomenologie kann hier nicht näher eingegangen werden. Hingewiesen sei nur darauf, daß sie nicht mit Erinnerung und Erwartung gleichzusetzen sind, sondern umgekehrt das Absinken eines Ereignisses in die Vergangenheit beziehungsweise das Vorausscheinen aus der Zukunft bedeuten; vgl. dazu: Husserl, a.a.O. S. 388 ff.

Die Dingwelt wird also innerhalb eines Zeithorizonts in meßbares Nacheinander geordnet, dessen vordingliche Form eines kontinuierlichen inneren Zeitstroms zugleich erhalten bleibt: Gemessenes und Kontinuierliches, bei Bergson zu unversöhnlichen Gegensätzen erklärt, werden bei Husserl bewußtseinszeitlich miteinander versöhnt. Beide realisieren sich ihrem Charakter nach prinzipiell im Nacheinander, einmal als vielfältiger und zugleich ungeteilter Erlebnisstrom, zum anderen als darauf gründender phänomenaler Ordnung der gegebenen Lebenswelt, die ihrerseits ersteren fortlaufend mit konstituiert.

Neben dem bei Husserl *so wichtig werdenden Gedanken des inneren Erlebnisbewußtseins, unterschieden von der kosmisch meßbaren Zeit, als einheitliche Form aller Erlebnisse im Erlebnisstrom* [21] - eine Beschreibung, die prinzipiell auch auf Bergson anwendbar wäre - berührt sich vor allem die Beziehung zwischen Kontinuum und Maß erstaunlich mit Zimmermann'schen Verfahren. Die genauestens durchgeführten mathematischen Proportionalisierungen dienen primär der Herstellung eines vielschichtigen Zeitkontinuums - Werke wie *Photoptosis* können unter dieser Perspektive geradezu als ästhetische Objektivierungen phänomenologischer Zeitphilosophie interpretiert werden: Vermessenes versinkt im Kontinuum eines gegenwärtig-zeitlichen Erlebnisfeldes, das das wohlgefügte Maß als ureigenes Konstituens seiner selbst bestätigt. Musikalisches Erleben als genuin klangzeitliches wird so im Werk von Zimmermann analog zu grundsätzlichen Gesetzen der Phänomenwahrnehmung ausgerichtet - ein Zusammenhang, den er selbst am Ende von *Intervall und Zeit* insofern betont, als die musikalische Ordnung, *die auf besondere Weise Zeitlichkeit zum Bewußtsein bringt und den Menschen so in einen Prozeß des inneren Erlebens von geordneter Zeit hineinbezieht,* [...] *auf Grund ihrer Kommunikation mit den Grundformen der menschlichen Erfahrung überhaupt in tiefste Erlebnisbezirke hinabreicht* [22]. Das Postulat, rationales Maß in einem umfassenden Kontinuum aufzulösen, verrät darüberhinaus noch einmal deutlich die Nähe zu Denkformen mittelalterlicher Mystik und Theologie; selbst Husserl stellt in der Einleitung seines zeitanalytischen Hauptwerks fest, daß *der erste, der die gewaltigen Schwierigkeiten, die hier liegen, tief empfunden und sich daran fast zur Verzweiflung abgemüht hat, Augustinus* [war] und *es erheblich weiter als dieser große und ernst ringende Denker die wissensstolze Neuzeit in diesen Dingen nicht gebracht* [hat][23].

----

21) *I.u.Z.* , S. 13
22) *I.u.Z.* , S. 14
23) Husserl, a.a.O. S. 368

REKURS: AUGUSTINUS

Methodisch wurde weiter oben das Verfahren des Augustinus als eine im Dienst der Theologie stehende Psychologisierung des Zeiterlebnisses beschrieben, die durch die ausschließliche Verlagerung in die Bewußtseinsebene subjektiviert und zugleich durch die Ablösung vom real-meßbaren Vollzug idealisiert - somit eine individuelle Transparenz auf ein Absolutes hin erhält. Ziel ist somit nicht der Aufweis eines psychoanalytisch ergründbaren Unter- oder Vorbewußtseins, sondern die Aufhebung relativer Zeiterfahrung in einem von Gottes Präsenz durchdrungenen Bewußtsein, zu dem der reflektierte Erkenntnisvollzug in der Zeit und über die Zeit folgerichtig führt. Dadurch löst Augustinus die ontologisch so bedeutsame Grundspannung von Vielheit und Einheit des Seins über das Phänomen der Zeit: Das im sukzessiven realen Zeitverlauf irritierend Vielheitliche wird in der zuständlichen Einheit und Ganzheit des Zeit-Bewußtseins aufgehoben. Diese Einsicht ist über ihre rein philosophische Dimension hinaus verwertbar: Sie läßt eine Ästhetik zu, die extrem Vielheitliches in der aktuellen Erfahrung sucht und verwirklicht, da dieses a priori innerhalb eines einheitlichen Zeit-Bewußtseins zusammengebunden wird. Das geschlossene Werk, ein für Zimmermanns kompositorisches Denken unumstößliches Postulat, ist somit erkenntnistheoretisch abgesichert, da Musik, so vielheitlich sie auch sein mag, innerhalb des sie aufnehmenden Bewußtseins-Zeitstrom zwangsläufig vereinheitlicht wird. Das Plurale und das geschlossene System der Kugel, die beiden komplementären kompositionstechnischen Größen, werden in der Zeitphilosophie des Augustinus auf einen erkenntnistheoretischen Begriff gebracht, der den Hintergrund und vielleicht auch die Legitimation der Zimmermann'schen Ästhetik abgibt.

Allerdings entbindet der latente Automatismus a priori vereinheitlichender Zeiterfahrung den Komponisten nicht von der einheitsstiftenden kompositorischen Arbeit; vielmehr gilt es, nachdem der Charakter der Zeiterfahrung allgemein und der musikalischen im besonderen erkannt wurde, diesem gerade in der Disposition des Werkes gerecht zu werden. Zimmermanns offene und kryptische Strukturbildungen, deren Offenlegung im Zentrum der folgenden analytischen Untersuchungen stehen, verraten ein geradezu manisches Bestreben, gesetzter Heterogenität eine der Bewußtseinszeit entsprechende Ganzheit abzutrotzen. Seine Musik will über das Ereignishafte in der Zeit als ihrer konventionellen Bestimmung hinaus die Struktur der zeitlichen Erfahrung selbst thematisieren, gleichsam ästhetisch manifestieren, wie sich Klang beziehungsweise Intervall und Zeit in der erkennenden Erfahrung des wachen Bewußtseins natürlich versöhnen.

ANHANG: HEIDEGGER

Die Heidegger'sche Zeitphilosophie kann hier keinesfalls auch nur ansatzweise diskutiert werden. Nicht nur deshalb wird sie in einen kurzen Anhang verbannt, sondern auch auf Grund des sehr speziellen, mehr ontologischen als erkenntnistheoretischen Einzelaspekts, den Zimmermann betont: *Zeitlichkeit, Geschichtlichkeit als Wesensverfassung des menschlichen Daseins, Unwiederholbarkeit der Entscheidungen, in die Zukunft geöffnete Freiheit sind fortan, vor allem seit Heidegger, bestimmend für den Zeitbegriff* [24]. Zimmermanns Heidegger-Verweis verbirgt die bedrohliche Seite seiner Existentialontologie: Grund der erwähnten Geschichtlichkeit ist ein Dasein als ein *Sein-zum-Tode*, das den Horizont der Zeitlichkeit als Grundgeschehen des Daseins absteckt. Der Tod enthält damit sowohl den Appell, in freier, offener Entscheidung sein je unverwechselbares Leben zu führen als auch die Grunderfahrung menschlichen Existierens in Angst und Sorge: *Zeitlichkeit enthüllt sich als der Sinn der eigentlichen Sorge* [25].

Der Zeitvollzug wird hier nicht primär erkenntnistheoretisch reflektiert, sondern ontologisch, als Wesensverfassung des Daseins. Zeitlichkeit meint somit Endlichkeit, womit eine neue Dimension in das Spannungsfeld der Zimmermann'schen Zeitphilosophie tritt: Zeitzuständlichkeit als Ergebnis gemessener Zeitverläufe wird relativiert durch die ihr eigene Endlichkeit, das heißt, daß auch das musikalische Werk, das angelegt ist auf eine Zeitaufhebung, dem *Sein-zum-Tode* als letzter zeitlicher Wesensbestimmung erliegt. *Die Überwindung der Zeit kraft vollkommenster Organisation der Zeit* [26], ästhetisches Ideal Zimmermann'schen Komponierens, wird angesichts der *Grundverfassung der Geschichtlichkeit* [27] zu einer musikalischen Vision. Gelingt zwar die Dialektik, zeitlich Geteilt-Gemessenes in zeitlich Ungeteilt-Ganzem aufzuheben im musikalischen Einzelwerk, so bleibt dazu doch werk-lebensbedrohend das Paradox seiner gleichzeitigen existentiellen Verfassung stehen: Das werkeigene Vergehen in der Zeit bedroht den immanenten Versuch ihrer Aufhebung. Partielle Zeitlosigkeit, erkenntnistheoretisch legitimierbar, entpuppt sich ontologisch als contradictio in se: Die zeitphilosophische Reflexion, auf ein Werkinneres und dessen Strukturbild bezogen, und die Wesensverfassung des Werkes selbst stören sich und schaffen ein bedrohliches psychologisches Umfeld.

----

24) *I.u.Z.* , S. 13
25) Martin Heidegger, *Sein und Zeit*, 10. Auflage, Tübingen 1963, S. 326
26) *I.u.Z.* , S. 14
27) Heidegger, a.a.O. S. 382

Irmgard Brockmann

DAS PRINZIP DER ZEITDEHNUNG IN *TRATTO, INTERCOMUNICAZIONE, PHOTOPTOSIS* UND *STILLE UND UMKEHR*

Die vorliegende Untersuchung möchte einen Beitrag zum Verständnis der Kompositionstechnik in den späten Werken Bernd Alois Zimmermanns leisten. Gemeint ist hier insbesondere das *Prinzip der Zeitdehnung*, das in seiner Bedeutung - verglichen mit den vielzitierten Begriffen *Pluralismus* und *Kugelgestalt der Zeit* - noch nicht ausreichend erfaßt wurde.

Schon aus Zimmermanns Werkeinführungen geht hervor, daß dieses Prinzip der Zeitdehnung für die Zeitgestaltung von *Tratto*, *Intercomunicazione* und *Photoptosis* eine Rolle spielt[1]. In enger Verwandtschaft mit diesen drei Werken steht ferner die 1970 entstandene Komposition *Stille und Umkehr* (zu den im Jahre 1970 komponierten Stücken liegen keine Werkeinführungen vor). Detaillierte analytische Beobachtungen offenbarten schließlich innere Bezüge und Gemeinsamkeiten zwischen allen vier Werken, die auf ihre Zusammengehörigkeit im Sinne einer Werkgruppe schließen läßt.

Aus diesem Grunde sollen der im Mittelpunkt der folgenden Ausführungen stehenden Analyse von *Photoptosis* zunächst einige Anmerkungen zu Kompositionstechnik der anderen drei Werke vorausgeschickt werden. Dies gilt vor allem für *Tratto* und *Intercomunicazione*, da sie zeitlich vor *Photoptosis* entstanden und ihre Konzipierung in *Photoptosis* aufgegriffen und weiterentwickelt wurde.

Mit Tratto I (1966) und Intercomunicazione (1967) erreichen wir den Anfang seiner letzten Phase, die Phase der Verlängerung der Zeit, des musikalischen Statizismus, der einen neuen Begriff der musikalischen Zeit darstellt. Tratto I ist Zimmermanns erstes rein elektronisches Stück, dem zwei Jahre später der für die Weltausstellung in Osaka komponierte eng-verwandte Tratto II folgte. [...] *Beide Tratti (der Name hat die Bedeutung von 'Strecke', sowohl zeitlich als auch räumlich) sind sehr nüchterne und wenig spektakuläre Stücke, die nur reine Sinusklänge verwenden und auf pittoreske Klangeffekte verzichten. Trotzdem enthält Tratto I den Hinweis 'in der Form einer choreographischen Etüde'; er ist in Schweden auch szenisch aufgeführt worden*[2].

Die Möglichkeit einer solchen szenischen Aufführung von *Tratto* entspricht Zimmermanns pluralistischem Konzept: die in der Komposition festgelegten Zeitstrukturen sollen - im Falle einer mit Ballett dargebotenen Fassung von *Tratto* - durch die tänzerischen Konfigurationen kontrapunktisch belebt werden und eine intensivierte Erfahrung der sogenannten *Erlebniszeit*[3] bewirken. Auch die Wahl des Instrumentariums darf, aufgrund

----

1) Zimmermann; *I.u.Z.*, a.a.O. S. 56 - 61 bzw. S. 115/116
2) Halbreich, a.a.O. S. 254
3) s. Stockhausens Aufsatz *Struktur und Erlebniszeit*, a.a.O. S. 86 ff.
vgl. Zimmermann: *Intervall und Zeit* in: Zimmermann *I.u.Z.* a.a.O. S. 11 - 14

einer Aussage Zimmermanns, als bewußt zur erlebniszeitlichen Verdichtung eingesetztes Mittel gelten:

Wie die Sinustöne den beschriebenen (ob man will oder nicht will) Klangcharakter haben, so haben sie meiner Auffassung nach (bei den Sinustönen vergeht die Zeit, um ein viel strapaziertes Wort zu benutzen, anders) einen nicht minder eigentümlichen Charakter hinsichtlich ihres Auftretens innerhalb der Zeit. [...] *Für mich haben Sinustongemische immer einen irgendwie raum- und zeitöffnenden Charakter besessen*[4].

Außer den beiden pluralistischen Elementen (Ballett und Klangcharakter der Sinusgemische) realisiert Zimmermann die von ihm angestrebte Wirkung der Zeitdehnung in *Tratto*, jedoch rein strukturell, wozu er sich selbst folgendermaßen äußerte:

Es wurde ein einziges Ausgangsintervall für die Komposition gewählt, und zwar das des Tritonus, der auch unter anderem deshalb gewählt wurde, weil er das uncharakteristischste Intervall überhaupt ist und außerdem die genaue akustische Mitte der Oktav darstellt. Für die Wahl dieses Intervalls war auch der Gesichtspunkt bestimmend, möglichst einfache und in keiner Weise vorbestimmte Grundstoffe zu benutzen. Die sechsfache Aneinanderreihung des Tritonus auf einer jeweils anderen, innerhalb der Oktave nicht wiederkehrenden Tonhöhe ergibt dann das chromatische Total. [...] *In Tratto wirken verschiedene Kräfte zusammen: auf der einen Seite gehen die vielen, sich gegenseitig, wie schon beschrieben, aus den verschiedenen Raum- und Zeitrichtungen überlagernden, sich verschlingenden und wieder lösenden 'Strecken' einem unerbittlich sich nähernden Zeit- und Endpunkt entgegen, dem endlichen und zeitlichen Schluß des Stückes, auf der anderen Seite wird diesem, nicht wiederholbaren und nicht umkehrbaren Ablauf ein beharrendes Moment entgegengesetzt, mit dem Ziel einer gewissermaßen ständigen Gegenwart. Das bedeutet kompositionstechnisch bei dem vorliegenden Stück, daß es in beide Zeitrichtungen komponiert wurde: von hinten nach vorne und umgekehrt. So werden alle Töne, Klänge, wie alle Aggregate überhaupt aus zwei spiegelbildlich sich ergänzenden Klängen abgeleitet, beziehungsweise hingeführt, die zum Schluß des Werkes unwandelbar das Erscheinungsbild des Stückes bestimmen, eines Stückes, welches wie erinnerlich, aus einem einzigen Intervall abgeleitet wurde.* [...] *Ich sagte schon an anderer Stelle, daß der Sinuston, obwohl einerseits charakteristisch und sperrig, andererseits etwas Vorklangliches an sich habe. So habe ich Schwebungen herangezogen, um mit ihrer Hilfe die 'Klangoberfläche' der Sinustongemische besser modellieren zu können.* [...] *So habe ich die Proportionsreihe der aus dem Tritonus abgeleiteten Intervalle (siehe Proportionsreihe) für die Proportionierung der Schwebungen herangezogen* [...]. *So wurden aus den Klängen I und II im wesentlichen alle in der Komposition vorkommenden Klänge entwickelt, beziehungsweise abgeleitet, und zwar durch Transposition mit Hilfe eines Transponiergerätes oder durch Geschwindigkeitstransposition;* [...] *Diese*[5] *wurde auch für sämtliche*

---

4) Zimmermann, *Tratto*, (I), a.a.O.; zu *Tratto II* s. *I.u.Z.*, a.a.O. S. 113/114 wobei es sich im Wesentlichen um eine Kürzung des Textes *Tratto* (I) handelt. (s.a. Anmerkung zu *Tratto* (I) im Literaturverzeichnis)

5) Die Proportionsreihe ist gemeint

Zeitstrukturen herangezogen. So wird durch die Proportion 7 : 5 zum Beispiel das Intervall des Tritonus bestimmt, das Verhältnis der Schwebungen zu dem jeweiligen Grundklang, und des weiteren das der Zeitdauern (sowohl in vertikaler wie horizontaler Richtung, [...]*), so daß es sich insgesamt bei dem Tratto um ein sehr geschlossenes, aus einem einzigen Ansatz entwickeltes Werk handelt*[6].

Zimmermann gewinnt die Proportionen von *Tratto* aus einer Reihe, die aus einer sechsmaligen Aneinanderreihung des Tritonus beziehungsweise dessen verschiedener in der Partialtonreihe vorkommenden Größen besteht.
Partialtonreihe (temperiert vereinfacht):

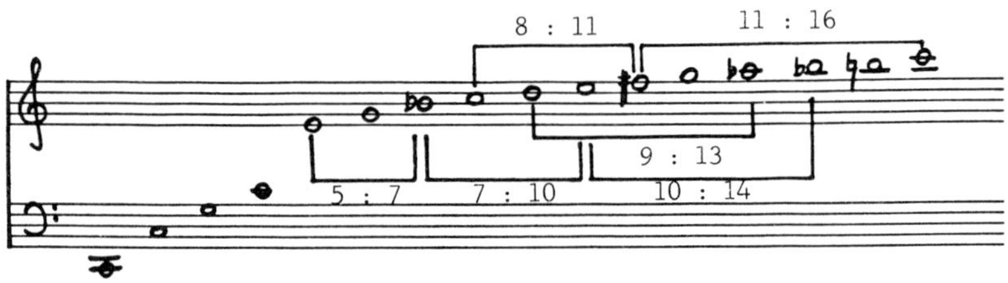

Abbildung 1

Zimmermanns Proportionsreihe:

6 Tritoni 7 : 5 8 : 11 9 : 13 10 : 7 14 : 10 11 : 16

Anschlußintervalle 15 : 1 25 : 20 16 : 15 16 : 18 20 : 30

(Bei der unteren Proportionsreihe handelt es sich um die Anschlußintervalle, die durch die jeweilige Transposition des Tritonus entstehen.)[7]

Temperiert vereinfacht läßt sich die so vorgegebene Reihe wie folgt notieren (ausgehend von der willkürlichen Festlegung des 1. Tones als a^1):

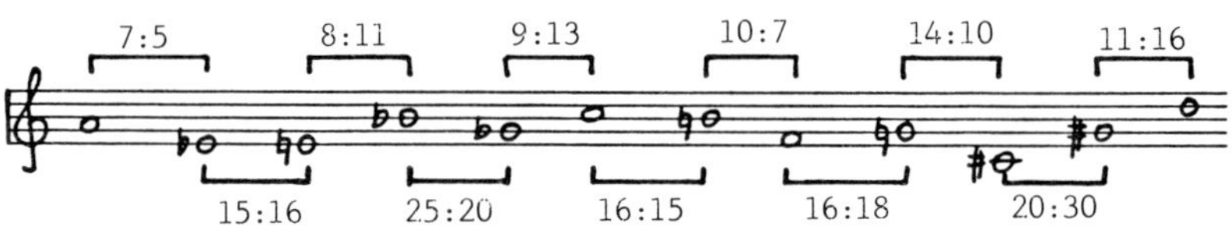

Abbildung 2

(Die Proportionen geben auch jeweils die Richtung der Intervalle an; steht die größere der beiden die Proportionen angebenden Zahlen vorne, so handelt es sich um ein abwärts gerichtetes Intervall, steht sie an zweiter Stelle, um ein aufwärts gerichtetes. Insofern beruht die von Karl-Josef Müller in seinem Aufsatz *Erleben und Messen*[8] vorgegebene Reihe auf einem Mißverständnis.)

----

6) Wie Fußnote 4)
7) Wie Fußnote 4)
8) Müller, *Erleben*, a.a.O. S. 552

Dabei ist zu berücksichtigen, daß es sich keineswegs um temperierte Intervalle handelt. Die Centumrechnung der vorgegebenen Intervalle kann dies verdeutlichen und soll eine akustische Verstellung vom Abweichungsgrad des jeweiligen temperierten Intervalls ermöglichen:

+/- temperiert: 0 +17 +29 -20 -6 +31 +19 +1 +5 +22 +24 -27 (statt +73)

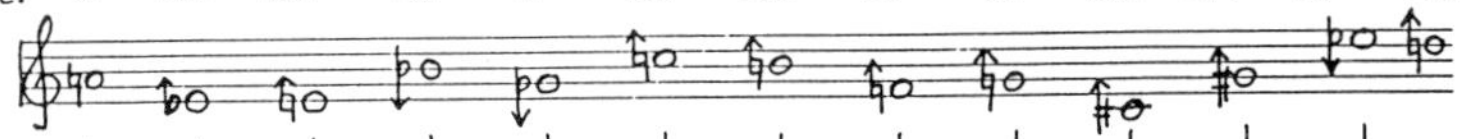

Proportionen der Partialtonreihe:	7:5	15:16	8:11	25:20	9:13	16:15	10:7	16:18	14:10	20:30	11:16
in Cent (gerundet auf ganzzahlige Werte):	- 583	+ 112	+ 551	- 386	+ 637	- 112	- 618	+ 204	- 583	+ 702	+ 649

Abbildung 3

In aufsteigender Reihenfolge geordnet, ergeben sich zwischen den Tönen 1 - 12 der Reihe folgende nichttemperierte Intervalle:

Ton	1		2		3		4		5		6		7		8		9		10		11		12
Cent		195		112		72		93		111		119		76		80		139		112		242	

Abbildung 4

Im Vergleich ergeben auch die in Zimmermanns Frequenztabelle zu Klang I und II[9] vorzufindenden Hertzzahlen nicht-temperierte Intervalle zwischen den jeweils 12 Frequenzen pro Klang; die Centumrechnung zeigt folgende Werte (jeweils ganzzahlig gerundet):

Klang I

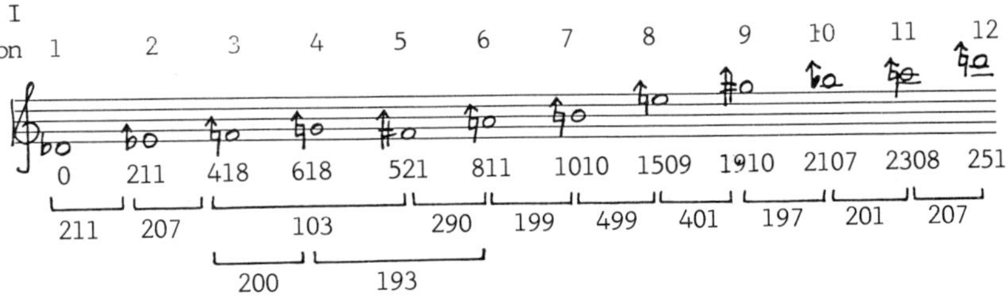

KlangII

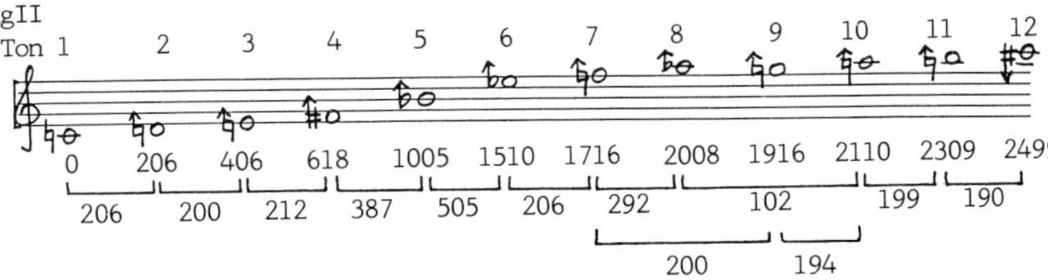

Abbildung 5

----

9) Zimmermann, *Tratto (I)*, a.a.O.

Klang II kann als *Krebsumkehrung von Klang I im Zeitabstand Null*[10] aufgefaßt werden (jedenfalls was die temperiert vereinfachten Intervallgrößen betrifft; die absolute Größe des am häufigsten vorkommenden Intervalls - die große Sekunde - schwankt zwischen 193 und 212 Cent). Die *spiegelbildliche Ergänzung* der beiden Klänge (s. Zitat S. 21) besteht also zum einen in der Krebsumkehrung der Intervallanordnung; zum anderen ergibt sich eine Ergänzung insofern, als beide Klänge zusammengenommen den Tonraum großenteils chromatisch auffüllen (●= Klang I, o= Klang II):

Abbildung 6

Die Anordnung sieht also folgendermaßen aus:

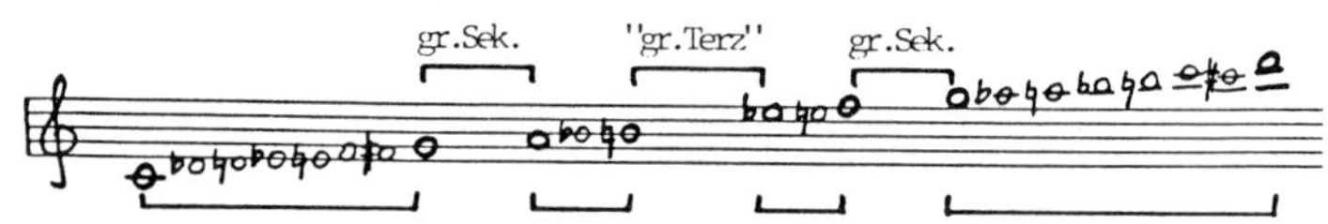

Abbildung 7

Der in der Reihe vorhandene Ambitus (Summe der in Abbildung 4 auftretenden Intervalle = 1351 Cent) wird im Ergänzungsklang etwa auf das Doppelte gespreizt; auch die Verzahnung der beiden Klänge, größtenteils als chromatisches Total, spiegelt den inneren Bezug zur Reihe. Ferner finden die in der Reihe vorkommenden verschiedenen nicht-temperierten Halbtonschritte ein Analogon in den unterschiedlichen Ganztonschritten der beiden Klänge beziehungsweise der bei ihrer Überlagerung auftretenden Unterschiedlichkeit der Halbtöne im chromatischen Total (s. Abbildung 6).

Eine weitere Analogie zwischen Reihe und Klängen bildet die jeweilige Anordnung von Ganzton- beziehungsweise Halbtonschritten: die Reihe weist - aufsteigend geordnet - als tiefstes beziehungsweise höchstes Intervall jeweils große Sekunden, dazwischen kleine Sekunden auf (s. Abbildung 4); in der vertikalen Gleichzeitigkeit zeigen die Klänge I und II in den Grenzbereichen Halbtonstrukturen, in der Mitte Elemente ganztöniger Herkunft (2 Großsekunden, 1 Großterz, s. Abbildung 7).

Diese Aufstellungen sollen zeigen, wie Zimmermann auch die vertikalen Frequenzordnungen aus der Proportionsreihe ableitet. Ähnliche Prinzipien lassen sich auch in den anderen Werken verfolgen: ein *spiegelbildlich* angeordneter Zwölftonakkord tritt auch in *Intercomunicazione* auf und erscheint als Selbstzitat Zimmermanns in *Stille und Umkehr* :

----

10) vgl. Zimmermanns Formulierung (*I.u.Z.*, a.a.O. S. 11): *So erleben wir Klang als 'Nacheinander' der Töne im Zeitabstand Null, Tonfolge als 'Gleichzeitiges', in der Zeit verschoben* <...>

In *Intercomunicazione* für Cello und Klavier hat das Cello die ersten 96 Takte solistisch zu spielen. Das Klavier setzt Takt 97, mit zwei tiefen Tönen ein (Es, E_1); der nächste Einsatz erfolgt erst Takt 133 (zwei hohe Töne: es^2,e^3). Nur allmählich werden die Einsätze häufiger und mit mehr Tönen versehen, bis Takt 301 ein Zwölftonakkord vorliegt (vgl. Notenbeispiel 1):

Abbildung 8

Als Skala notiert läßt sich die spiegelbildliche Konzeption des Akkords leicht erkennen:

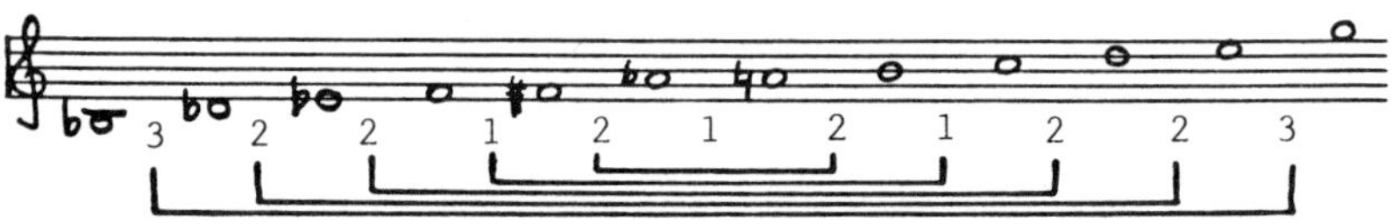

Abbildung 9

Dieselbe Akkordstruktur erscheint in *Stille und Umkehr* wieder: die Takte 76 - 81 sind als Zitat aus *Intercomunicazione* (Klavierpart Takt 298 ff.)[11] konzipiert (s. Notenbeispiel 2); die in hohen Lagen gespielten Klavierakkorde (Elemente ⓐ und ⓒ) werden im Orchester von der Harfe übernommen, der Zwölftonakkord von den Holzbläsern (Elemente ⓑ und ⓓ).

Karl-Josef Müller deutet diesen Zusammenhang zwischen beiden Werken an:

Ab Takt 47 setzen dann wieder Umspielungen wie zu Beginn ein, [...] die in ihrer blockartigen Struktur zuweilen wie Passagen des Klavierparts aus Intercomunicazione anmuten[12].

Clemens Kühn läßt diesen Aspekt in seiner Analyse von *Stille und Umkehr* jedoch unerwähnt[13].

Ferner treten auch in *Photoptosis* Zwölftonakkorde auf, die sich aus der Verzahnung von Ganztonskalen herleiten; das in Takt 193 - 264[14] in den Streichern und Harfe/Celesta vorkommende Tonmaterial fächert das chromatische Total in verschiedene Ganztonschritte auf:

----

11) vgl. auch *Photoptosis* Takt 577 (Glockenspiel) und Takt 602 (Orgel + Blechbläser); s. Abb. 22
12) Müller, *Erleben*, a.a.O. S. 553/554
13) Kühn, *Die Orchesterwerke*, a.a.O. S. 116 - 121
14) Die Ziffern in der Partitur von *Photoptosis* geben jeweils zehn-taktige Abschnitte an; z.B. bedeutet T. 193: = 3. Takt nach Ziffer 19

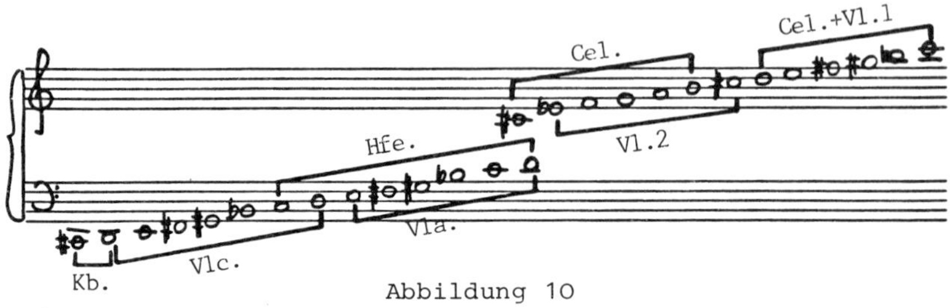

Abbildung 10

Ausschnitte aus der Ganztonskala auf cis: Kontrabaß, Violine II, Celesta
Ausschnitte aus der Ganztonskala auf c : Kontrabaß, Violoncello, Harfe, Viola, Violine I, Celesta

Auf analoge Konzeptionen greift der Schlußteil von *Photoptosis* (Takt 505 ff.) vielfach zurück, wobei hier die Skalen auch ineinandergreifen, sodaß das chromatische Total nicht nur insgesamt, sondern auch innerhalb verschiedener Oktavlagen erklingt: an den Klangrändern liegen Ganztonstrukturen vor, in der mittleren Lage entstehen durch deren Überlagerung Halbtoncluster, zum Beispiel Streicherpart, Takt 505 ff.: chromatisches Total zwischen gis und e^2 (s. Notenbeispiel 3).

Clemens Kühn weist auf die Bedeutung der Ganztonskalen für die Tonhöhenorganisation von *Photoptosis* hin[15]. Dabei ergeben sich auch häufig *Schwarz-Weiß-Auftragungen*, zum Beispiel: Klarinetten/Ges-Dur Tonvorrat, übrige Holzbläser/C-Dur Tonvorrat abzüglich des Tones h (s. Notenbeispiel 3). Dieses Anordnungsprinzip ist auch für den oben beschriebenen Ausschnitt aus *Intercomunicazione* beziehungsweise *Stille und Umkehr* konstituierend: hier liegen die *schwarzen Töne* unten, die *weißen* oben in der beschriebenen Akkordstruktur (s. Abb. 8).

Ließ Kühn die Selbstzitate aus *Intercomunicazione* in *Stille und Umkehr* außer Acht, so belegte er sie jedoch für *Photoptosis*[16]. Neben später erfolgenden diesbezüglichen Hinweisen[17], soll hier zusätzlich ein kurzes Beispiel der Selbstzitattechnik - nochmals die Ganztonkonzipierung betreffend - erwähnt werden: der Klavierpart von *Intercomunicazione* Takt 231 ff. wird in *Photoptosis* ab Takt 461 auf Klavier und Harfe übertragen, wobei die linke Hand des Klaviers eine Ganztonstruktur enthält (Fis - e; s. Notenbeispiel 4). So besteht - neben weiteren, noch aufzuzeigenden Querverbindungen - eine Verwandtschaftsbeziehung zwischen *Tratto*, *Intercomunicazione*, *Photoptosis* und *Stille Umkehr* in der Organisation der Tonhöhen, die, um zusammenzufassen, sich in folgenden Momenten äußert:

- Spiegelbildliche Anordnung eines Akkordes
- Herleitung des chromatischen Totals aus Ganztonstrukturen
- Schwarz-Weiß-Auftragungen des Akkordmaterials

----

15) Kühn, *Photoptosis*, a.a.O. S. 113, rechts unten
16) Kühn, *Photoptosis*, a.a.O. S. 110, links unten; Müller greift dieses Erkenntnis in *Photoptosis* (a.a.O.) auf
17) vgl. S. 46-48 und S. 50ff.

Ferner könnte die Verwendung von Vierteltönen in *Intercomunicazione*, *Photoptosis* und *Stille und Umkehr* als zumindest ideeller Bezug zu den in *Tratto* verwendeten nicht-temperierten Intervallgrößen gelten. Darüber hinaus bleibt die Integration von Schwebungen als strukturelles Moment der Tonhöhengewinnung auch für die zeitliche Organisation von *Tratto* (s. Zitat S.21) und - es sei vorab vermerkt - die anderen drei Werke nicht ohne Konsequenzen.

Der kompositionstechnische Aspekt des *Prinzips der Zeitdehnung* ist als Simultankonzeption zweier sich zueinander asynchron[18] verhaltender Zeitverläufe definierbar. Eine Auswertung der in Notenbeispiel 5 abgedruckten handschriftlichen Werkskizze[19] kann dies erläutern. (Zimmermann wählte - laut Begleittext - in Anlehnung an die Bandgeschwindigkeit 38 mm als Maß für die Sekunde[20]; die Graphik ist jedoch verkleinert abgebildet).

Ohne auf die direkte klangliche Verwirklichung der dort symbolisierten Verläufe eingehen zu können (da aus der Tabelle nicht hervorgeht, welche Tonhöhenstrukturen die abgebildeten Strecken verkörpern sollen[21]) läßt sich jedoch die Übertragung der in der Reihe programmierten Proportionen auf die Zeitgestaltung erkennen (s. *Notenbeispiel* 5):

Die links am Rand unter I von Zimmermann vermerkte Proportion 14 : 10 realisiert sich durch das Verhältnis der Einsatzabstände der beiden Strecken zueinander; die untere kehrt jeweils alle 159 mm wieder (28 mm Pause + 131 mm Klang), die obere ca. alle 114 mm (85/86 mm Klang + 29/28 mm Pause). 159 : 114 ≈ 1,39, also gerundet 14 : 10 (Tritonus!). - Eine analoge Berechnung läßt sich für die unter II angegebene Proportion 25 : 20 aufstellen. Beide Proportionen (14 : 10, 25 : 20) sind in der Reihe enthalten und werden hier für die Zeitverläufe strukturbildend.

Diese Auswertung gibt ferner Aufschluß darüber, was Zimmermann mit *in beiden Zeitrichtungen gleichzeitig komponieren* (s. Zitat S. 21) meint: die untere Strecke beginnt mit einer Pause. Diese Überlegung spielt tatsächlich eine wichtige Rolle in Zimmermanns kompositorischem Denken, was sich zum Beispiel auch aus der Konzipierung des ersten Formteils von *Intercomunicazione* (bis zum ersten Klaviereinsatz; s. Notenbeispiel 6) ersehen läßt:

----

18) Auf die Bedeutung der asynchronen Konzeption für die erlebnismäßig erfahrbare Einheit weist auch Gruhn hin (s. Gruhn, a.a.O. S. 296).

19) wie Fußnote 4

20) vgl. auch *Intercomunicazione*: die abgedruckte Maßeinheit der *Takte* beträgt exakt 38 mm (die Fotokopie/Notenbeispiel 6 ist jedoch verkleinert)

21) vgl. Zimmermanns Aussage (*I.u.Z.*, a.a.O. S. 61):
Das Problem der Notation von Tratto mußte aus zeitlichen Gründen zurückgestellt werden. Ich habe für die Realisierung des Stückes lediglich Tabellen mit Frequenzzahlen der zu produzierenden Klänge und ihre Ableitungen benutzt, sowie die logarithmischen Werte für die Produktion der Schwebungen und Diagramme (in Stenogrammform), die faktisch nur von mir selbst entzifferbar waren.

Schematische Darstellung der Takte 1-96:

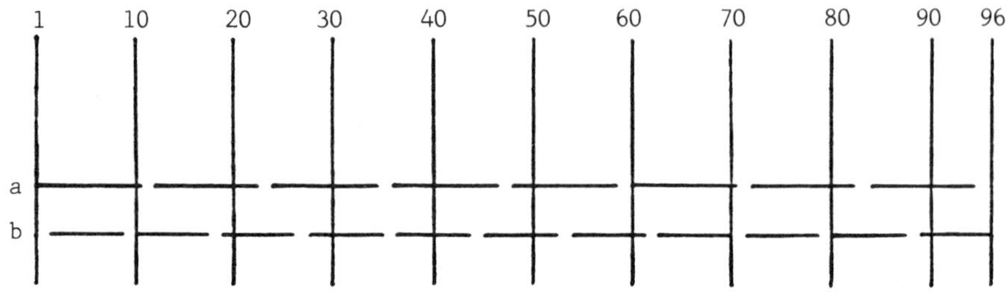

Strecke a: Länge = 12Takte (10,5 Takte Dauer + 1,5 Takte Pause)
Strecke b: " 8,75 " (7,25 " " + 1,5 " ")

12 . 8,75 = 1,37 (Tritonus)

Strecke a tritt 8x, Strecke b 11x (abzüglich 1/4 Takt) auf.
11 : 8 = Tritonus.

Abbildung 11

Strecke b der beiden - jeweils durch den oberen beziehungsweise unteren Ton der Doppelgriffe des Cellos repräsentierten - Zeitstrecken beginnt hier ebenfalls mit einer Pause. Im Gegensatz zu dem Ausschnitt aus *Tratto* handelt es sich hier jedoch um einen geschlossenen Formteil, woraus weitere kompositorische Intentionen hervorgehen: die Übereinanderlagerung der Strecken ist nicht nur so disponiert, daß Strecke b mit der Pause beginnt, sondern auch, daß sie mit Klang endet. Dies geschieht ferner so, daß die für sie vorgesehene Länge - bis auf 1/4 Takt - erhalten bleibt, also nicht einfach in der Zäsur einen beliebigen Abschluß findet. Analoges geschieht mit Strecke a: sie beginnt mit Klang und *mündet*[22] in eine Pause. Dies erhellt die materielle Verwirklichung der von Zimmermann postulierten rückwärtigen Kompositionsrichtung. Im übergeordneten Strukturgefüge der Komposition ist auch die Geschlossenheit der Unterabschnitte bis ins Detail geplant. Analoge Aspekte werden auch in *Photoptosis* zu beobachten sein.

Schließlich lassen auch die für die Reihe und die Klänge prädeterminierten Schwebungen eine Übertragung in die zeitliche Dimensionierung erkennen: die Übertragung der von Zimmermann gewählten Intervalle 10 : 14 (I) und 25 : 20 (II) zeigt neben dem *ungenauen* Endwert 1,39 (statt 14 : 10 = 1,4) ferner die variable Anordnung (meist) einer der beiden Zeitstrecken. In dem von mir untersuchten Ausschnitt galten die Schwankungen der oberen Zeitstrecke: 114 mm waren entweder als 85 + 29 oder 86 + 28 mm konzipiert;

----

22) vgl. Zimmermann (*I.u.Z.*, a.a.O. S. 97):
<...> *eingebettet in eine gewissermaßen pan-akustische Form der musikalischen Szene, die alle Elemente des Sprachlichen, Gesanglichen, Musikalischen, Bildnerschen, Filme, Ballett, Pantomime, Bandmontagen* <...> *in dem pluralistischen Zeit- und Erlebnisstrom zusammenschmilzt, der dann auf jeden Fall mündet* <...>

ferner ergab sich auch die abweichende Länge von 113 mm (beim 3. Mal):
= 85 + 28 mm.

Zimmermann selbst schrieb zum Wesen des Prinzips der Zeitdehnung folgendes:

Die Frage der zeitlichen Organisation des musikalischen Kunstwerkes hatte in der seriellen Phase der neuen Musik eine, an der Vielschichtigkeit der zeitlichen Abläufe gemessene, geradezu einseitige Interpretation gefunden. Dieser, nach meiner Überzeugung lediglich partiellen Entsprechung mit dem Zeitganzen habe ich seit mehreren Jahren meine pluralistische Zeitauffassung entgegengestellt. Eines der eigentümlichsten Phänomene, zu denen mich die Weiterführung dieser Kompositionstechnik gebracht hat, ist die Dehnung des Zeitablaufes, wie überhaupt des Zeitbegriffs. Diese Dehnung stellt ein neues Moment in der Musik unserer Zeit dar: die Gegenwart als Präsens der Zeit erhält dadurch eine besondere Artikulation. - Wenn man sagen kann, daß Webern das musikalische Geschehen gewissermaßen atomisiert hat und dadurch zwischen den einzelnen musikalischen Fakten Abgründe geschaffen hat, die zwar molekular auftreten, von uns aber doch wie eine Atomspaltung erlebt werden, dann ist dadurch ein Zustand gekennzeichnet, der das musikalische Denken in eine gefährliche Situation bringt. Diese extreme Kürze ist, so paradox es klingt, demnach doch eine unendliche Weite geworden, und mir scheint in der Anwendung einer übermäßigen Dehnung die Gelegenheit zu bestehen, diese nun sehr peripher gewordenen Ereignisse wieder zu kontrahieren; das heißt für den Hörer wird durch die Exposition solcher extrem gedehnten Zeitschichten die Notwendigkeit gegeben, diese zu kontrahieren. Diese Notwendigkeit tritt fast automatisch auf als hörpsychologisches Phänomen. Der Hörer wird sich dessen gar nicht bewußt, und es ist sehr interessant festzustellen, wie nachher die effektiven Zeitabstände beziehungsweise die Zeitquantitäten beschrieben werden. Ich möchte sagen, daß Stücke von Webern, die an effektiver Zeitdauer vielleicht fünf Minuten lang sind, viel globaler erlebt werden als umgekehrt Stücke, deren musikalischer Zeitablauf sehr gedehnt ist; sie erscheinen relativ kürzer[23].

Bedingt durch die von Zimmermann selbst auch an anderer Stelle seit 1968[24] immer wieder hervorgehobene Wirkung der Dehnung des Zeitablaufes wird diese spezielle Kompositionstechnik kurz als *Prinzip der Zeitdehnung* bezeichnet. Dieser Ausdruck stammt in solch expliziter Form nicht von Zimmermann selbst, liegt aber nahe und etablierte sich in den diese Kompositionstechnik berührenden Publikationen[25].

Im akustischen Versuch läßt sich durch die Beschleunigung eines Impulsgemisches, zum Beispiel im Verhältnis 5 : 4 die Umwandlung zur reinen großen Terz der Partialtonreihe eindrucksvoll demonstrieren. Im Transponiervorgang werden die Definitionsgrenzen der Elementarbegriffe *Rhythmus* und *Klang* fließend.

----

23) Zimmermann, *I.u.Z* , a.a.O. S. 80
24) s. z.B. Zimmermann, *I.u.Z.*, a.a.O. S. 57/58, 72, 80, 113-115
25) z.B. Kühn: *Die Orchesterwerke* , a.a.O., Müller: *Erleben*, a.a.O.

Dieser akustische Vorgang findet sein optisches Analogon in der Filmtechnik. Bei mehr als zwölf Einzelbildern pro Sekunde nimmt das menschliche Auge keine getrennten Bilder mehr wahr, ab 24 Bildern pro Sekunde verschmelzen die Einzelaufnahmen zur Bewegung. Zimmermann verwendet das Zeitdehnungsprinzip in umgekehrter Richtung: die großformale Proportionierung stellt sich dar als extreme Spreizung (= Dehnung) von - primär im Tonhöhenraum definierten - Intervallen in die Zeitebene.

Das Zeitdehnungsprinzip darf als Zimmermanns individuelle Lösung der seit den fünfziger Jahren allgemein aktuellen Suche nach einer sinnvollen Beziehung zwischen Tonhöhen und Tondauern betrachtet werden. In der Bemühung um Zusammenhänge zwischen Intervall und Zeit benutzte Zimmermann schließlich die Proportion einzelner Intervalle (im Gegensatz zu den maximal - im Falle einer Allintervallreihe - elf vorhandenen Proportionen) und transponierte die harmonische Schwingung des Einzelintervalls auf formale Prozesse. 5 : 4 ist eine Terz, auch wenn sie - im Fall ihrer Funktion als formproportionierende Größe - sehr langsam schwingt.

Die Tatsache, daß die von Zimmermann intendierten Zeitproportionen sich nur dann ergeben, wenn man von der regelmäßigen Wiederkehr der einzelnen Partikel ausgeht, muß als wesentliche Voraussetzung für die Erkenntnis des Zeitdehnungsprinzips gelten. In der vorliegenden Literatur werden häufig nur die mit Klang realisierten Strecken (ohne die nachfolgenden beziehungsweise vorangestellten Pausen) zueinander in Beziehung gesetzt, wodurch den Berechnungsversuchen oft eine gewisse Ratlosigkeit anhaftet.

So registriert Clemens Kühn in seiner Analyse von *Photoptosis* zwar 11- beziehungsweise 8-malige Einsätze innerhalb zweier Formteile[26], erkennt aber nicht die Bedingung, aus der diese Einsatzzahl hervorgeht - die Tritonusrelation, in der die beiden Strecken zueinander stehen -, sodaß er die Zahlen elf und acht nicht in Zusammenhang mit den übergeordneten Prinzipien bringen kann (zudem verrechnet er sich hier um 100 Takte). Er verwendet hier zwar den Begriff *Einsatzabstand*, jedoch in musikalisch falschem Sinn, da er den Abstand zwischen Ende eines Elements bis zu Beginn seiner Wiederkehr mißt, statt Beginn mit Beginn zu vergleichen. Zum Beispiel: *Die Streichergirlanden treten alle 21 Takte auf*[27]. Sie treten alle 24 Takte auf, 21 Takte vergehen von ihrem Ende bis zur Wiederkehr. In *Die Orchesterwerke*, 1978[28] vermerkt er dann die inzwischen von Karl-Josef Müller für den 1. Formteil von *Photoptosis* festgestellte Tritonusproportionierung. Dennoch findet sich bei der auf derselben Seite erfolgenden Besprechung von *Intercomunicazione* kein Hinweis, daß es sich hier um dieselbe Tritonusrelation handelt. Auch hier bezieht er sich auf Müller[29], der zu

----

26) Kühn, *Photoptosis*, a.a.O. S. 113 links unten
27) wie Fußnote 26)
28) Kühn, *Die Orchesterwerke*, a.a.O. S. 115 Fußn. 3
29) Kühn, *Die Orchesterwerke*, a.a.O. S. 115 Fußn. 1

diesem Zeitpunkt die Integration der Pausen in die Berechnungen der zeitlichen Dispositionen auch noch nicht vornahm. (Später revidierte Müller diese Berechnung, worauf später noch einzugehen sein wird). In einer Fußnote weist Kühn hier auf das in den ersten 192 Takten von *Photoptosis* vorliegende Tritonusverhältnis

$$24 : 17{,}5 = 1{,}4$$

hin[30]. Addiert man zu den in *Intercomunicazione* zu Beginn vorkommenden Klanglängen von 10,5 und 7,25 Takten die jeweiligen Pausenwerte (1,5 Takte), so erhält man die Proportion

$$12 : 8{,}75 = 1{,}4,$$

die, absolut gesehen, als *doppelt so schnelle Zeitdehnung* der in *Photoptosis* vorkommenden zu werten ist. Relativierend muß hinzugefügt werden, daß dem festgesetzten Tempo von *Photoptosis* (1 Takt = 1 Sekunde) ein frei zu wählendes (1 Takt = 1 - 2 sec) in *Intercomunicazione* gegenübersteht (das von den Interpreten innerhalb dieser Bandbreite zu wählende Tempo soll jedoch dann verbindlich für das gesamte Werk beibehalten werden: (siehe Anmerkung in den Noten, vergleiche Notenbeispiel 6).

Die Längen von Klangstrecken werden bei Clemens Kühn als absolute - vom Zeitkontinuum isolierte - Größen betrachtet. Ein solcher Ansatz muß natürlicherweise abstrakt bleiben, da er die Bedingungen des gerichteten Zeitverlaufs, an die die Musik als Zeitkunst a priori gebunden ist, ignoriert. Ausschlaggebend kann nur die Regelmäßigkeit der Wiederkehr bestimmter Strukturen, also deren Einsatzabstand, nicht die aus der Kontinuität eliminierte Dauer verschiedener Partikel sein. Diese Mißverständnisse führen Clemens Kühn zu einer negativen Kritik der Zimmermannschen Ästhetik: *Fraglich ist jedoch, ob Zimmermanns Bestreben, Zeit im Sinne 'ständiger Gegenwart' aufzuheben, kompositionstechnisch tatsächlich realisierbar ist; denn 'Musik ist, als Zeitkunst, durch ihr pures Medium an die Form der Sukzession gebunden und damit irreversibel wie die Zeit'. Der Versuch, diese Grundbedingung von Musik zu unterlaufen, wird weder dem Hörer noch dem Analytiker nachvollziehbar sein. Musik wird vom Hörer als zeitlich gerichteter Vorgang wahrgenommen; zumal bei Photoptosis - mit der gezielten Entwicklung vom pp-Beginn bis zur abschließenden Klangentfesselung - wird der Hörer das Übereinander der musikalischen Schichten nicht als Gegenläufigkeit erkennen können. Und ohne Vorinformation wird auch der Analytiker dazu kaum in der Lage sein; zwar sind die beiden Schichten durch bestimmte instrumentale Zuordnungen voneinander abgehoben, doch ist das Gegeneinander der Zeitstrecken aus der Partitur nicht ablesbar: wie auch in Intercomunicazione ist ihre Gesamtdauer in beiden Zählrichtungen identisch. - Der Eindruck aber von strenger zeitlicher Ordnung, von großräumiger Weite und scheinbarer Unendlichkeit ist unbestreitbar* [...] [31].

----

30) wie Fußn. 29)
31) Kühn, *Die Orchesterwerke*, a.a.O. S. 115/116

Karl-Josef Müller ging in seinem Beitrag zu *Photoptosis*[32] zunächst auch von den absoluten Klanglängen der beiden Strecken aus. Von daher erkannte er das Prinzip der Zeitdehnung für den ersten Formteil von *Photoptosis*, da hier die beiden Strecken als *Klangbänder* (*Klangereignis* + nachfolgender *Liegeton*, ohne Pausen) gehandhabt sind[33]:

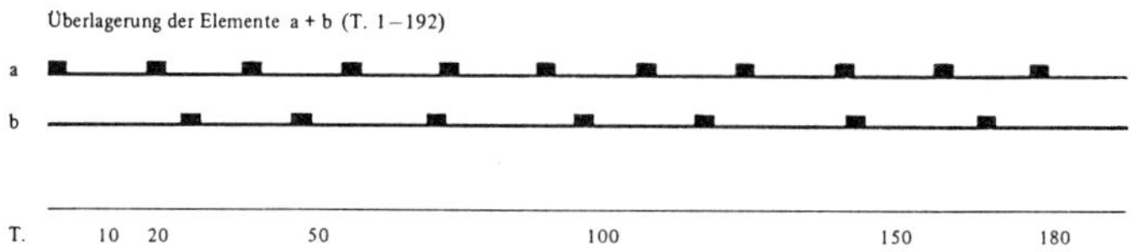

Abbildung 12

Jedoch werden aus diesen Erkenntnissen zunächst keine Konsequenzen für *Intercomunicazione* gewonnen. Müller berechnet hier:

$$10{,}5 : 7{,}25 = 1{,}4$$

Zu vermerken ist unbedingt, daß dies ein gerundeter Wert ist:

$$10{,}5 : 7{,}25 = 1{,}448 \approx 1{,}45!$$

Mit Integration des Pausenwertes ergibt sich hingegen:

$$12 : 8{,}75 = 1{,}371 \approx 1{,}37.$$

Beide Größen weichen um circa 1/4 Ton vom temperierten Tritonus ab[34], wobei jedoch der mit 1,37 angegebene Zimmermanns Intentionen insofern näher kommt, als er fast genau der Proportion 11 : 8 entspricht, die in der Anzahl der beiden Strecken des genannten Abschnittes von *Intercomunicazione* strukturbildend ist: Strecke a erklingt 8 x, Strecke b 11 x (s. Abb. 11).

Abgesehen von der oben erläuterten Berechnung von dem aus dem Zeitkontinuum losgelösten Größen, mag es als Zufall gelten, daß sich hier auch für solch eine Betrachtungsweise scheinbar richtige Resultate ergeben. In anderen Fällen jedoch ist ihre Unschärfe programmiert: setzt man beispielsweise die im besprochenen Ausschnitt aus *Tratto* überlagerten Strecken als absolute Größe in Relation, so ergibt sich

$$131 : 86 = 1{,}523 \approx 1{,}52,$$

ein Wert, der bereits größer als eine reine Quinte ist[35].

----

32) Müller, *Photoptosis*, a.a.O.
33) Müller, *Photoptosis*, a.a.O. S. 313
34) Riemann, a.a.O. Stichwort *Intervall*: Tabelle S. 412/413
35) wie Fußn. 34)

In seinem späteren Aufsatz *Erleben und Messen*, 1977[36], verrechnet sich Müller trotz der nun vom Denkansatz her revidierten Darstellung (Integration des Pausendauern):

Intercomunicazione basiert ebenfalls auf dem von Zimmermann immer wieder bevorzugten Tritonusintervall und überträgt die entsprechende Proportion 7 : 5 auf die Zeitstrecken (8,75 : 13): die obere Strecke (der Ton a) dauert 13 Zeiteinheiten (11,5 ZE Klang + 1,5 ZE Pause), die untere (Ton es) 8,75 ZE (7,25 + 1,5)[37].

Der von ihm hier postulierte Tritonus 13 : 8,75 entspräche dem Wert 1,4857≈1,49, der von der reinen Quinte nicht weit entfernt liegt[38]! Der ihm hier unterlaufene Fehler darf als beinahe *klassischer*[39] Irrtum bei Dauernberechnungen gelten: die obere Strecke endet zwar in der Mitte des 11. Taktes[40], bis dahin sind aber lediglich 10,5 ZE verstrichen, nicht 11,5! Ebenso beginnt sie mit Takt 13, wobei aber lediglich erst 12, nicht 13 ZE vergangen sind! Müller scheint die hier vorgegebenen Werte nicht mit denen seiner früheren Publikationen verglichen zu haben, in der er die richtige Dauer von 10,5 ZE für die Klanglänge der oberen Strecke angab.

Seine sonstigen Ausführungen zeigen jedoch eine ideell angemessene Ausgangsbasis. (So mißt er die zu Beginn von *Tratto* vorkommenden Überlagerungen mit der Stoppuhr und geht dabei von Einsatzabständen aus.):

Was dem Hörer nicht bewußt werden kann (und soll), strukturell aber zur Gewinnung des Eindrucks von Fließen und Gleiten wichtig erscheint, ist die Tatsache, daß Tratto II in beiden Zeitrichtungen komponiert ist - von vorn nach hinten und von hinten nach vorn. Verschieden lange Zeitstrecken überlagern sich, teils gegen-, teils miteinander, fließen aus verschiedenen räumlichen Richtungen zusammen und verschwinden wieder <...>[41].

----

36) Müller, *Erleben*, a.a.O.; Kühn bemerkt in *Die Orchesterwerke*, a.a.O. S. 17 Fußn. 1:
Nach Beendigung meiner Arbeit (September 1976) erschien die Dissertation von Andreas von Imhoff (Untersuchungen zum Klavierwerk Bernd Alois Zimmermanns. Regensburg: Bosse 1976), die ich daher leider nicht mehr berücksichtigen kann.
(Analoges darf daher für diesen Aufsatz von Müller angenommen werden.)

37) Müller, *Erleben*, a.a.O. S. 553

33) wie Fußn. 34)

39) vgl. Fußn. 44)

40) Das in diesem Aufsatz abgedruckte Notenbeispiel von *Intercomunicazione* stellt eine für die obere Strecke fehlerhafte Abschrift des Originalnotentextes dar: der Ton A im Cello endet hier bereits mit Beginn von Takt 11 (im Original erst bei 11,5)

41) Müller, *Erleben*, a.a.O. S. 552

PHOTOPTOSIS: ANALYSE

Vorliegende Analyse hat die primäre Intention, die Anwendung des Prinzips der Zeitdehnung in *Photoptosis* darzustellen. Instrumentation, Tonhöhenorganisation, rhythmische Phänomene und alle anderen Parameter sollen nur insofern berücksichtigt werden, als ihnen formstiftende Bedeutung zukommt[42].

Den detaillierten Untersuchungen zu den einzelnen Abschnitten soll folgende Übersicht vorangestellt werden:

Formteil		Taktangabe	Anzahl der Takte
Teil A	A(1)	T. 1-192	192
	A(2)	T. 193-264	72 2:1
	A(3)	T. 265-360	96 1:2
Teil B	(Collage)	T. 361-504	144
Teil C	C(1)=	T. 505-624	120=
	C(1a)/(C1b)	505-574/575-624	70/50
	C(2)	T. 625-728	104(86)=mit(ohne) Coda

Abbildung 13

Ein für das ganze Werk einheitliches Tempo (1 Takt = 1 ♩= MM 60) gestattet die Gleichsetzung von Taktzahlen mit Proportionen. Schon eine erste Übersicht (s. Abbildung 13) läßt bestimmte formale Proportionierungen erkennen: Formteil A (3) beträgt die Hälfte der Länge von A (1), Formteil B hat gegenüber A (2) doppelte Länge.

Hier unterläuft Clemens Kühn in seiner Analyse von *Photoptosis* wohl ein Rechenfehler[43]. Er spricht zwar von der Korrespondenz der Teile A (1) und A (3) (bei ihm als A (a) und A (c) bezeichnet), verrechnet sich aber offensichtlich bei der Länge von A (3) um 100 Takte[44]. So kommt er zu dem Ergebnis, daß die Länge der genannten Formteile um nur drei Takte differiert und sieht in dieser - fälschlicherweise angenommenen - fast identischen Länge die formale Korrespondenz der beiden Teile (statt Proportion 2 : 1, s.o.).

----

42) Eine geringfügige Abweichung von diesem übergeordneten Ziel erfährt die Analyse von Formteil B, da einige Aspekte der dort zur Collage zusammengestellten musikalischen Zitate kurz erläutert werden sollen

43) s. Kühn, *Photoptosis*, a.a.O. S. 113, links unten

44) Kühns Rechnung sah vermutlich folgendermaßen aus: 369 - 265 = 195, was im Vergleich zu 192 Takten von A(1) 3 Takte Differenz ergibt. Zu diesem Rechenfehler muß zusätzlich vermerkt werden, daß 360 - 265 in der Musik nicht 95, sondern 96 (Takte) sind, da die Zahlen nicht im mathematischen Sinn (=punktuell) aufgefaßt werden dürfen, sondern als Strecken verstanden werden müssen

Wie in *Tratto* und *Intercomunicazione* ist auch in *Photoptosis* der Tritonus als das die beiden Zeitstrecken bestimmende Verhältnis strukturbildend. Seine Proportion ist in den einzelnen Formteilen in verschiedenen Dehnungs- beziehungsweise Kontraktionsgraden vorzufinden. Diese verschiedenen Dehnungsgrade einerseits und die effektiven Längen der Formteile (siehe oben: A (1) : A (3) = 2 :1) andererseits stehen in vielfältigen Beziehungen unter- und zueinander, deren Netzwerk den übergeordneten Formplan des Werkes ergibt.

Auf die, dem ersten Formteil A (1) (T. 1-192) zugrunde liegende Tritonusproportionierung wurde bereits auf S.30 hingewiesen. Die beiden das Zeitdehnungsprinzip konstituierenden Strecken sind 24 beziehungsweise 17,5 Takte lang; wie bereits erwähnt, handelt es sich hierbei um eine halb so schnelle Anordnung wie im 1. Teil von *Intercomunicazione*. 24 : 17,5 ≈ 1,37. Wie in *Intercomunicazione* erklingt ferner die kürzere Strecke 11 x (abzüglich 1/2 Takt/vergleiche *Intercomunicazione*: - 1/4 Takt, s.S.28) und die längere 8 x (siehe Tabelle 1, vergleiche Abbildung 19), 11:8 = 1,37. Die beiden Strecken unterscheiden sich - außer in ihrer Länge - durch verdene Instrumentierung (vergleiche Tabelle 1):
- die kürzere Strecke a (17,5 Takte) beginnt stets mit einem (3-taktigen) Bläserimpuls:

1. - 4. Einsatz: Flöte
5. - 8. Einsatz: Flöte + Klarinette
9. Einsatz: Posaune (+ Celesta + Harfe)
10.+ 11. Einsatz: Holzbläser

Jeder Einsatz wird durch Harfe (ab Takt 71 stattdessen Celesta) sowie Pauken und Gongs (zwei verschiedene, die alternierend eingesetzt werden) akzentuiert.

Dieser Streckenkopf wird bis zum nächsten Einsatz durch Viola beziehungsweise durch Violoncello fortgesetzt; die Fortsetzung wird ferner durch Bläser unterstützt: die in Viola beziehungsweise Violoncello erklingenden Liegetöne werden durch (mindestens) je ein Blasinstrument jeweils in den ersten sieben Takten der Fortsetzung verstärkt. Die Fortsetzung erhält ihrerseits - analog dem Kopf - eine Akzentuierung, zumindest während der ersten sieben Einsätze; diese Markierung wird ebenfalls durch ein Blasinstrument übernommen.

Auf detaillierte Angaben, um welche Bläser es sich jeweils handelt, soll hier (und auch in der Tabelle) - zugunsten der Übersichtlichkeit verzichtet werden. Sie sind jedoch durch die in der Tabelle angelegte Spalte Frequenz des Liegetons in der Partitur leicht auffindbar: es handelt sich jeweils um den beziehungsweise die Bläser, denen die dort vermerkte Frequenz zugeordnet ist. Viola/Violoncello und Bläser (7-taktige und deren Akzente) spielen somit alle denselben Liegeton, dessen jeweilige Tonhöhe in der Tabelle angegeben ist.

TABELLE 1 Zeitliche Strukturierung und Instrumentation in Formteil A(1) von Photoptosis (T. 1 - 192)

Strecke a	1	2	3	4	5	6	7	8	9	10	11
Instrumentation des Kopfes	Flöten	./.	./.	./.	Fl.+Klar.	./.	./.	./.	Pos.(+Cel. Hfe.)	/ Holzbl.	./.
Akzents des Kopfes	Hfe.,Gongs, Pauke	./.	./.	./.	Cel.,Gongs, Pauke	./.	./.	./.	./.	./.	./.
Liegetones *	Vla.	Vlc.	Vla.	Vlc.	Vla.	Vlc.	Vla.	./.	./.	./.	./.
Frequenz des Liegetones	ɗd^1 (ɫd^1)	ɗEs	ɗas^1	Des	ɗes	G	e^1	ɗf ɗes	c	ɗc^2	ɗdes^1

Taktleiste: 51 – 101 – 151

Strecke b	1	2	3	4	5	6	7	8	
Instrumentation des Kopfes		Vl.1+2,Hfe., Fl. + Vla.	./. +Vlc.	./. +Vla.	./. +Vla.	./. +Vlc.+Cel.	Trp. (+Cel.+Hfe.)	Vl.1+2,Hfe., Fl. +Vlc.+Cel.+ Picc.	3 Tomtoms, kl.Trommel, Rührtrommel
Akzents des Kopfes		gr.Tamtam, gr.Trommel	./.	./.	./.	./.	./.	./.	
Liegetones *	Kb.+Vlc.+Vl.	Kb.+Vl.	./.	./.	./.	Kb.+Vlc.+Vl.	./.	./.	
Frequenz des Liegetones (Vl./Flageolett jeweils 5 Oktaven höher)	Cis D_1	Des As_1	ɗB_1 ɗAs_1	ɫG ɫC	ɫG ɗG	E B_1	ɫA	C	

* ohne 7-taktige Bläserverstärkung und deren Akzentuierung, s.Text

Die Elemente von Strecke a gliedern sich also wie folgt:

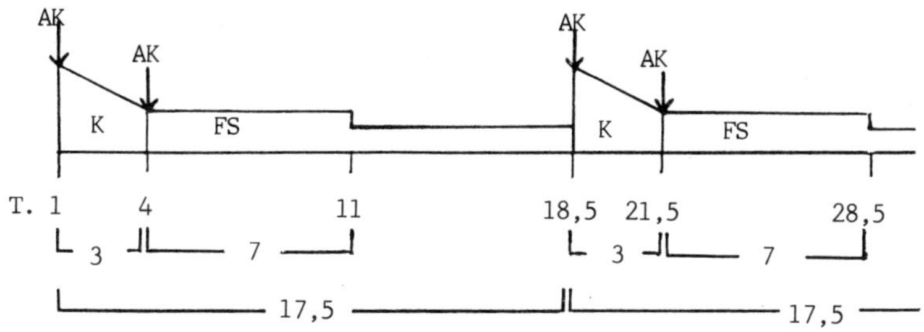

K = Kopf
AK = Akzentuierung
FS = Fortsetzung (7 T. Bläser + Streicher, Rest: Streicher)

Abbildung 14

Die zweite Strecke läßt ähnliche Gesetzmäßigkeiten in den instrumentatorischen Bezügen erkennen:
- die längere Strecke b (24 Takte) ist folgendermaßen strukturiert:

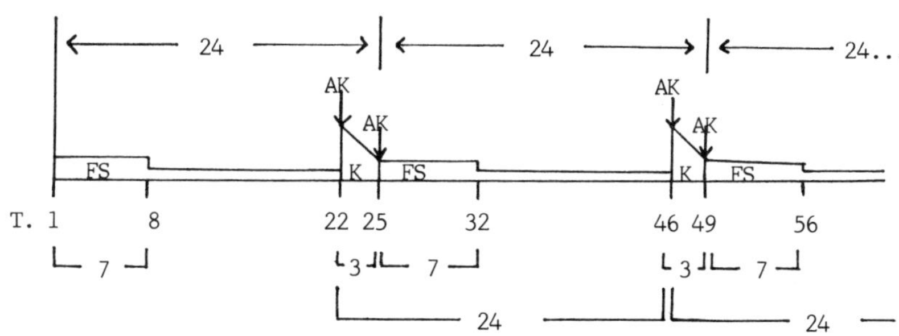

K = Kopf
AK = Akzentuierung
FS = Fortsetzung (7 T. Bläser + Streicher, Rest: Streicher)

Abbildung 15

1. - 4. Kopf: Violine I + II, Harfe, Flöte + Viola beziehungsweise Violoncello
5. Kopf: wie 1. - 4. + Celesta
6. Kopf: Trompete (+ Celesta + Harfe)
7. Kopf: wie 1. - 4. + Celesta + Piccolo-Flöte
8. Kopf: drei Tomtoms, kleine Trommel, Rührtrommel

Jeder Einsatz wird durch großes Tamtam und große Trommel akzentuiert.

Dieser Kopf wird bis zum nächsten Einsatz durch Kontrabaß und Violine (Strecken 2 - 5) beziehungsweise Kontrabaß + Violoncello (Strecken 6 - 8 und 1) fortgesetzt. Diesen Liegetönen sind zu Beginn ebenfalls 7-taktige Bläsertöne plus Markierungen zugeordnet, deren Instrumentation im Einzelnen - analog Strecke a - hier nicht angeführt werden soll. Genaue Angaben können aus der Partitur leicht rekonstruiert werden, da auch hier sowohl Kontrabaß + Violine (+ Violoncello) als auch 7-taktige Bläser mit zugehöriger Markierung jeweils denselben Liegeton (Frequenz siehe Tabelle zu spielen haben.

Strecke b ist, wie aus Tabelle 1 und Abbildung 23 ersichtlich, so angeordnet, daß sie, geht man von der Gestalt Kopfbeginn und nachfolgender Liegeton aus, gegenüber der bei Tabelle 1 der Partitur beginnenden Nummerierung von 24-taktigen Einheiten aus, um 21 Takte vor - beziehungsweise drei Takte rückverschoben erscheint (siehe Schraffierung in Tabelle 1, vergleiche auch Spalte: *Instrumentation des Liegetones* , aus der der Rückbezug vom 6. - 8. zum 1. Einsatz - alle mit Violoncello! - hervorgeht!) - Anders betrachtet verhält es sich so, daß Strecke b mit 21 Takten Liegeton beginnt und mit 3-taktigem Klangereignis (= Kopf) endet, daß also der Streckenkopf jeweils am Ende von b, vor Beginn der nächsten 24er-Einheit, plaziert ist. Den Liegetönen kommt hier eine ähnliche Funktion zu wie den Pausen in *Intercomunicazione*: dort begann Strecke b mit einer Pause und endete mit Klang, hier beginnt sie mit Liegeton und mündet in den Streckenkopf (siehe Bemerkungen zu *Intercomunicazione*, S.28). Rückwärts gelesen beginnt Strecke b also mit dem Kopf, was als Aspekt der von Zimmermann für *Tratto* erwähnten rückwärtigen Kompositionsrichtung zu werten ist.

Auf die Tatsache, daß die der Komposition zugrundeliegenden - oben erläuterten - Anordnungsprinzipien keineswegs dogmatisch gehandhabt werden, weist Clemens Kühn hin:

Der neu eingeführte Ton wird [...] *jeweils durch ein Blasinstrument* [...] *markiert und durch wenigstens einen Bläser für stets sieben Takte begleitet. Einem sturen Schematismus verfällt dies nicht: nach dem ersten dynamischen Höhepunkt Takt 141 - siehe das vorausgehende komponierte Crescendo mit je einem Neueinsatz pro Takt - ergibt sich die Begleitdauer durch alle drei Takte überlappende 7er Takte (zum Beispiel 145 ff.: Bassethorn - Horn I - Baßklarinette).* [45]

Auch dem Abschnitt A (2) (Takt 193 - 264) liegt als grundsätzliches Gestaltungsprinzip die Überlagerung zweier unterschiedlich langer Klanggruppierungen zugrunde. Wie in Teil A (1) repräsentieren sich die beiden Verläufe durch unterschiedliche Instrumentierung; im Gegensatz zu A (1) sind die Instrumentalkombinationen in ihrer Zusammensetzung weniger komplex und dem Partiturbild praktisch direkt zu entnehmen, weshalb in diesem Fall auf eine tabellarische Übersicht verzichtet werden kann. Die Vereinfachung gegenüber A (1) besteht zunächst darin, daß die dort vorliegenden

----

45) Kühn, *Photoptosis*, a.a.O. S. 113. Derartige Detailbeobachtungen sollen jedoch im Folgenden zugunsten der Darstellung grundsätzlicher Gestaltungskriterien nicht in jedem Fall erwähnt werden, was nicht heißt, daß sie pauschal vernachlässigt wurden: es wurde versucht, zwischen offensichtlich zugrundeliegenden Prinzipien und differenziert gehandhabter kompositorischer Umsetzung abzuwägen und eine dem Werk angemessene Veranschaulichsform zu wählen

Markierungen sowohl der Streckenköpfe als auch der Liegetöne hier aufgegeben werden. Beide Strecken bestehen lediglich aus Kopf und anschließendem Liegeton.

Folgende Gruppierungen liegen vor:

- Strecke a (kürzere, beginnt mit Liegeton):
  Kopf: Viola, 2 Solo-Violoncelli, Harfe, kleine Trommel
  Liegeton: bis Takt 235 (= 1.-5. Mal):
  Bläser (Holz und Blech)+ Gong (2. und 3. Einsatz) beziehungsweise Becken (4. Einsatz und folgende)
  Flöten, Klarinetten, Becken (ohne Blech!)
- Strecke b (längere, beginnt mit Kopf):
  Kopf: Violinen I und II, 5 Soloviolencelli, 2 Solokontrabässe Celesta, Maracas.
  Liegeton: bis Takt 234 (= 1. - 4. Mal):
  Bläser (Holz und Blech), Becken (1. und 2. Einsatz) beziehungsweise Gong(3. Einsatz und folgende)
  (1. Einsatz: + 5 Celli, Takt 195 - 203)
  ab Takt 235: Oboe, Fagott, Gong (ohne Blech)

Die Länge von Strecke a beträgt circa sieben Takte (zwei Takte Kopf + fünf Takte Liegeton), die von Strecke b circa zehn Takte (zwei Takte Kopf + circa acht Takte Liegeton), 10 : 7 = Tritonus. Bei einer Gesamtlänge von 72 Takten ergibt sich für diesen Abschnitt die 7malige Auftragung der längeren Strecke (b) beziehungsweise die 10malige der kürzeren (a). (Vergleiche A(1): 11 x beziehungsweise 8 x). Strecke a erscheint beim 10. Mal jedoch ohne Kopf: in diesem Formteil ist der kürzeren Strecke die rückwärtige Kompositionsrichtung zugeordnet (in A(1): der längeren Strecke) und anstelle des zum Abschluß von Teil A(2) (circa Takt 262) zu erwartenden 10. Streckenkopfes von Strecke a tritt eine 1 1/2-taktige Überleitung zu Formteil A(3), die mit der Überleitung von A(1) in A(2) korrespondiert (vergleiche Takt 263/264 mit Takt 191/192)[46].

Das Zeitdehnungsprinzip wird in *Photoptosis* - im Gegensatz zu *Tratto* und *Intercomunicazione* - vornehmlich als Klangkopf und Liegeton (dort: (Klang und Pause) verwirklicht, waren dort die Pausenwerte zwischen den Klangstrecken gleich lang (zum Beispiel *Intercomunicazione*: je 1,5 Takte Pause zwischen der Wiederholung sowohl von Strecke a als auch von Strecke b; vergleiche *Tratto*: je 28 mm Pause für beide Strecken, siehe *Notenbeispiel* 6), so sind es hier die Köpfe - 3-taktig in A(1), 2-taktig in A(2) -, also die jeweils kürzeren Partikel einer Gesamtstrecke (in *Tratto* und *Intercomunicazione* waren die Pausen kürzer als die Klänge, hier sind die Köpfe kürzer als die Liegetöne):

----

46) Einen Hinweis auf die Korrespondenz der beiden Überleitungen gibt auch Clemens Kühn: s. Kühn, *Photoptosis*, a.a.O. S. 110 rechts unten

Tratto, Intercomunicazione:	je gleiche Pausenlänge	der beiden das Zeitdehnungsprinzip konstituierenden Strecken
Photoptosis:	je gleiche Kopflänge	

Abbildung 16

Von ihrer akustischen Funktion her dürfen die Pausen jedoch nicht mit den Köpfen verglichen werden: man hört die Wiederkehr der am stärksten akzentuierten Elemente, die in *Tratto* und *Intercomunicazione* als Beginn der Klänge, in *Photoptosis* als Streckenköpfe vorzufinden sind. In ihrer akustischen Bedeutung entsprechen sich somit vielmehr die Pausen und die Liegetöne (vergleiche S. 38).

In Abschnitt A(3), Takt 265 = 360, gruppieren sich die Instrumente wie folgt:

- Strecke a (kürzere, beginnt mit Liegeton):
  Kopf: Orgel
  Liegeton: Blechbläser
  Jeder Einsatz (des Kopfes) wird durch Klavier, Rührtrommel, (Tamtam beziehungsweise Gong) akzentuiert.
- Strecke b (längere, beginnt mit Kopf):
  Kopf: Holzbläser und Kontrabaß (zwei verschiedene *Texturen*, siehe verbale Beschreibung)
  Liegeton: Blechbläser
  Jeder Einsatz (beider Texturen) wird durch Pauken (und Triangel beziehungsweise Glockenspiel beziehungsweise Crotales) akzentuiert.

Wie bereits bei der Besprechung des großformalen Überblicks erwähnt, beträgt die Länge von Formteil A(3) genau die Hälfte der Länge von A(1): 192 Takte : 96 Takten = 2 : 1. Auch für die Gestaltung des Zeitdehnungsprinzips bleibt diese Proportion nicht ohne Konsequenz (vergleiche Tabelle 2): Strecke b (12 Takte) erscheint 8 x, Strecke a (acht bis neun Takte) 11 x, das heißt die in A(1) sehr weit gedehnten Abläufe sind hier auf's Doppelte beschleunigt. Gegenüber A(2) ist die Dehnung arithmetisch zwar geringer; dennoch entsteht der Eindruck von wachsender Spannung und Dichte, was verschiedene Gründe hat.

Zunächst ist die Zunahme an Lautstärke zu konstatieren, was zum einen durch dynamische Vorschriften (*con tutta la forza*), zum anderen durch den verstärkten Einsatz der Blechbläser zustande kommt; ferner entsteht der Eindruck größerer Dichte dadurch, daß Strecke b diesmal quasi zwei *Köpfe* beinhaltet: die Köpfe sind gleich instrumentiert, in ihrer Textur jedoch unterschiedlich angelegt (vergleiche 1. Element: skalenmäßige Bewegung beziehungsweise gebrochene Akkorde und Triller, zum Beispiel Takt 265 - 267, mit 2. Element: Trillerblock und ausgehaltene Töne in den tiefen Lagen, zum Beispiel Takt 272 - 274). Bis zur Wiederkehr des Kopfes (= 1. Element) wird die Liegetonstruktur von Strecke b somit durch ein weiteres, dem Kopf verwandtes Element (= 2. Element) unterbrochen, wodurch sich eine größere Ereignisdichte ergibt. Element Eins erhält in der Folge jeweils einen eigenen Liegeton, der sich durch Instrumentation und Frequenz von dem auf Element Zwei folgenden unterscheidet (daher 16 Liegetöne für Strecke b, siehe Tabelle 2).

Die Disposition von zwei kopfartigen Strukturen mit jeweils eigenem nachfolgenden Liegeton legt die Vermutung kleinerer Untereinheiten nahe. Tatsächlich erfährt die insgesamt 12-taktige Dauer von Strecke b durch Element Zwei eine nochmalige Unterteilung; diese erfolgt im Verhältnis 7 : 5 (Tritonus):

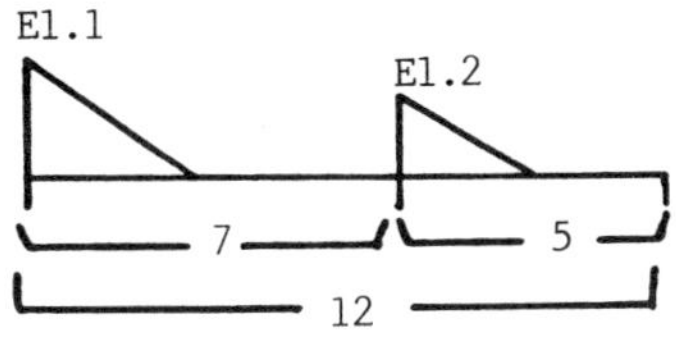

Strecke b

Abbildung 17

Das Zeitdehnungsprinzip wird hier quasi sukzessiv angewandt: die Konzeption zweier unterschiedlicher Zeiteinheiten wird ins Nacheinander projiziert. Dennoch bleibt die übergeordnete 12er Einheit erhalten, da sich sowohl für Element Eins, als auch für Element Zwei 12-taktige Einsatzabstände ergeben; von der Instrumentation her gleich, in der Textur jedoch unterschiedlich angelegt, vergeht bis zur Wiederkehr desselben Elements jeweils eine Zeiteinheit von 12 Takten Dauer.

Auf Analogiebildungen in den Abschnitten A(2) und A(3) weist Clemens Kühn hin: *Nur im A-Teil wird das Tonmaterial der chromatischen Skala durch konsequente Einbeziehung von Vierteltönen erweitert;* [...] *Eine Auswertung aller vorkommenden Töne ergab für Abschnitt b und c eine korrespondierende Technik: die Bläserklangflächen (b) führen in freier Folge die 12 Töne der chromatischen Skala (des, es, g doppelt) ein, umklammert von benachbarten Vierteltönen;* [...] *Die Blechbläser (c) breiten zunächst in 2-tönigen Klängen alle zwölf chromatischen Töne aus (des, g doppelt!), um sie danach (ab Takt 315) in benachbarte Vierteltöne ausspreizen zu lassen.*[47]

Die *2-tönigen Klänge* (siehe Zitat) sind häufig als Tritonusbezüge formuliert (siehe Tabelle 2). Diese Bezüge entstehen meist zwischen Liegetönen der simultan konzipierten Strecken a und b (lediglich zwei Mal sukzessive Anordnung in b). (Da Kühn die beiden Strecken nicht konsequent unterscheidet, spricht er hier von 2-tönigen Klängen.) Der Besprechung der Tonhöhenorganisation soll im Rahmen dieser Arbeit keine übergeordnete Rolle zukommen; allerdings sind die Tritonusbezüge unter den Liegetonfrequenzen (Blech) offensichtlich strukturtragend und eigens in der Tabelle vermerkt.

----

47) Kühn, *Photoptosis*, a.a.O. S. 113 rechts unten

TABELLE 2 Tritonuszusammenklänge der Blechbläser und zeitliche Disposition in Formteil A(3) von Photoptosis (T. 265 - 360)

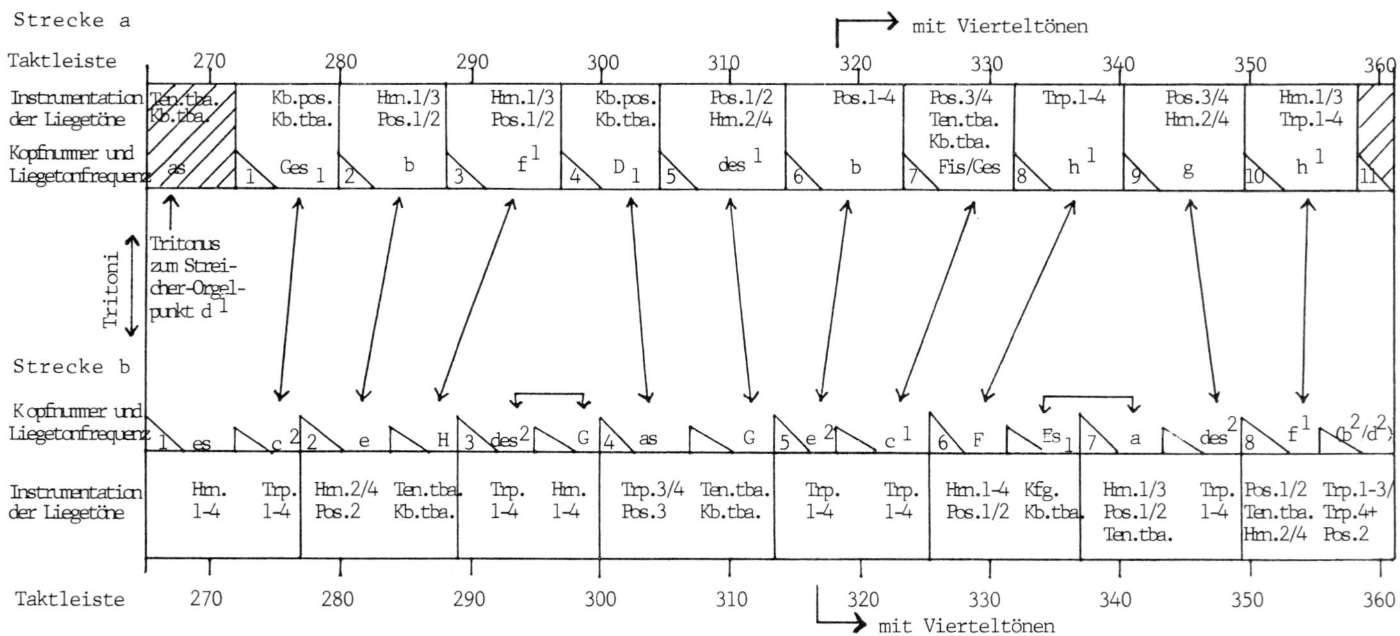

Orgelpunkt während des gesamten Formteils: d^1 in den Streichern (ohne Kb.) + Orgelpedal cHAB (B-A-C-H)

(Wie bei Kühn bereits anklingt (siehe oben) sind analoge Konzeptionen ansatzweise auch in den Holzbläsern festzustellen.)

Hinweise auf die fast identische Gestaltung der Zäsuren zwischen den Formteilen A (1) und A (2) beziehungsweise A (2) und A (3) sind ebenfalls bei Kühn vorzufinden:

Kompositionsprinzipien, die den Collageteil konstituieren, lassen sich auch in den Eckteilen nachweisen. Die Signalfunktion, die dem Beethovenzitat zukommt, übernehmen im A-Teil die gliedernden, in Harfe/Klavier und Holz/Blech gleichlautenden Akzente (vergleiche Takt 193 mit 265; übereinstimmend sogar Trompete (Takt 263) und Flöte und Piccolo-Flöte (Takt 191)).[48]

Teil B (Takt 361 - 504) arbeitet mit einem neuen, noch längeren Dehnungsgrad als die bisherigen Abschnitte. Dem gesamten - als Collage angelegten - Formteil ist der liturgische Hymnus *Veni creator spiritus* zugrundegelegt. Zimmermann benutzt nicht die Vorlage des Graduale Romanum[49], sondern die als geistliches Lied weit verbreitete Gesangbuchfassung[50]. Ab Takt 364 erklingen in der Orgel (abwechselnd mit der rechten und linken Hand gespielt) die Töne der ersten und - unvollständig - zweiten Choralzeile:

HYMNUS DE SPIRITU SANCTO

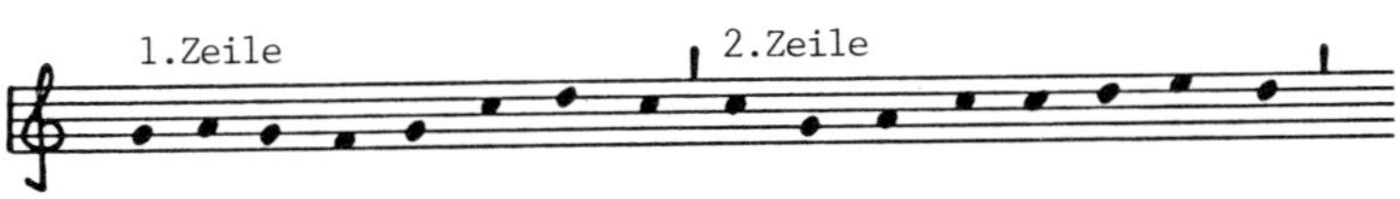

Abbildung 18

Aus Tabelle 3 wird die Proportion, in der die jeweils sehr lange gehaltenen Töne sich konstellieren, ersichtlich: die linke Hand hält den zu spielenden Ton je 18 Takte, worauf sechs Takte Pause folgen, die rechte Hand circa 27,5 Takte, mit ebenfalls 6-taktiger Pause im Anschluß. (Der 1. Choralton erklingt nur 14 Takte: während der ersten vier Takte des Collageteils - Anfang des Beethovenzitats - bleibt der Choral noch ausgespart.) Das ergibt für die linke Hand jeweils einen 18 + 6 = 24-taktigen, für die rechte Hand 27,5 + 6 = 33,5-taktigen Abstand. 33,5 : 24≈1,39, was wiederum einer Tritonusproportion entspricht.

----

48) Kühn, *Photoptosis*, a.a.O. S. 110 rechts unten
49) Graduale Romanum, a.a.O. S. 848
50) (transponiert übernommen) aus *Gotteslob*, a.a.O. S. 302

TABELLE 3 Anordnung der Zitate im Collageteil (=Formteil B): T.361-504

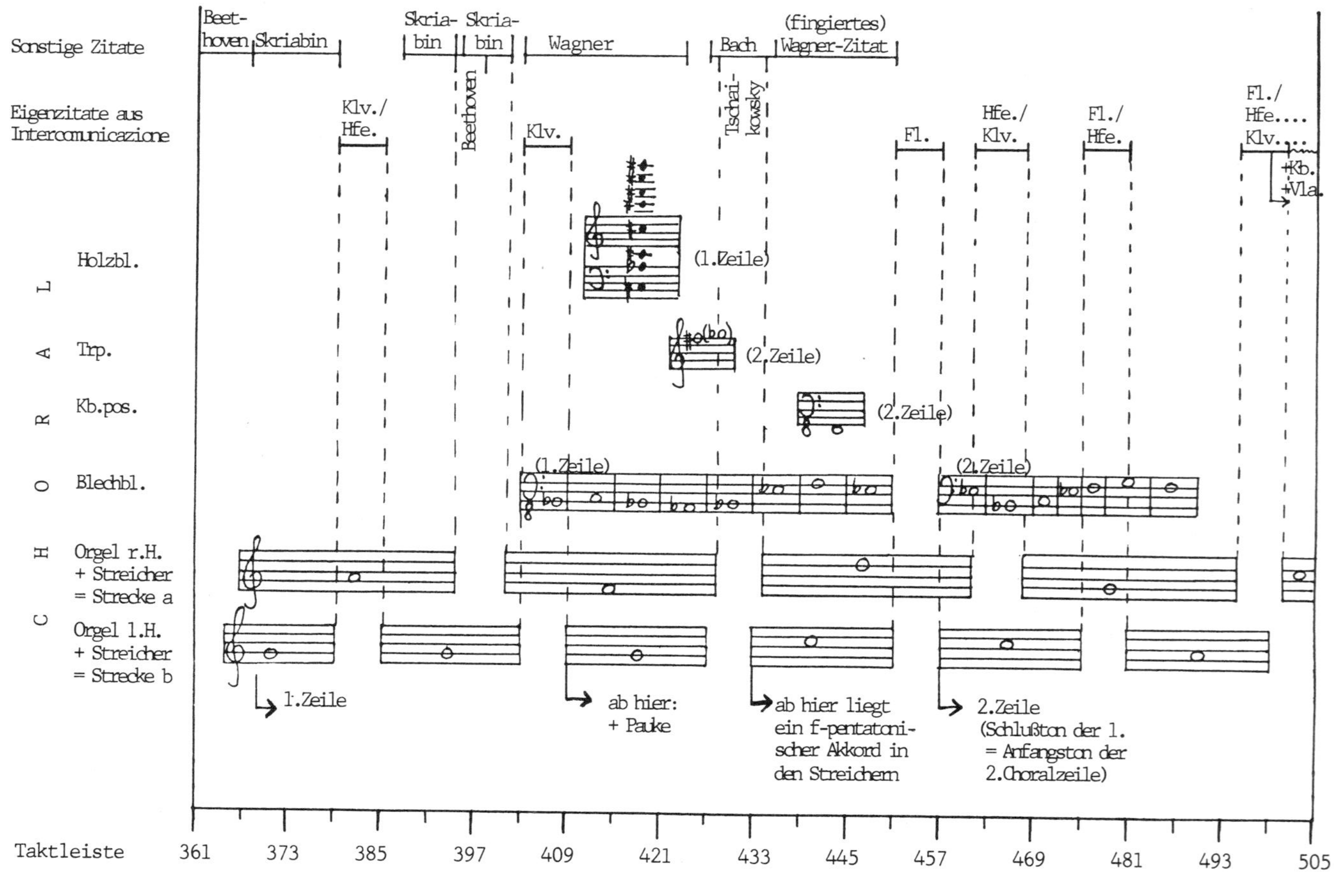

In den Streichern wird jeder neue Choralton ausgehalten, sodaß ab Eintritt des Choraltones d^2 Takt 434 ein f-pentatonischer Klang ständig präsent ist:

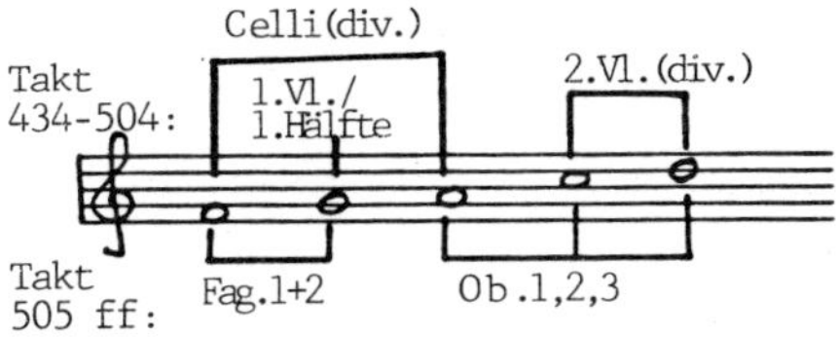

Abbildung 19

Die Töne f^1 und a^1 erklingen in den geteilten Celli, der Ton g^1 in der 1. Hälfte der 1. Violine, die Töne c^2 und d^2 in den geteilten 2. Violinen; mit Beginn des Formteils C (Takt 505) werden f^1 und g^1 von den zwei Fagotten, a^1, c^2 und d^2 von den drei Oboen übernommen (siehe Notenbeispiel 4, vergleiche Abbildung 19): der aus der 1. Choralzeile abgeleitete pentatonische Liegeklang bleibt somit, ebenso wie der Choral selbst (die Orgel beendet in Teil C die 2. Choralzeile), auch über die Formgrenze hinaus erhalten.

Neben dieser - gemäß dem Prinzip der Zeitdehnung simultan angelegten - Fassung erklingt der Choral auch in kürzeren Dauern im Blech und - weiter verkürzt - in den Holzbläsern. Bei diesen Fassungen handelt es sich, wie auch aus Tabelle 3 ersichtlich wird, um Choralfragmente, deren sukzessiver Ablauf - im Gegensatz zu der in Orgel und Streichern formulierten Fassung - unverändert erhalten bleibt (deren zeitliche Strukturierung also nicht durch das Zeitdehnungsprinzip bestimmt wird).

Ab Takt 403 intonieren die Blechbläser von B_1 aus mit jeweils 6-taktig gehaltenen Tönen die erste und (nach sechs Takten Pause) mit 6- beziehungsweise 3-taktiger Tonlänge die zweite Choralzeile. In den Holzbläsern erklingt ab Takt 411 eine jeweils taktweise (Anfangston und Schlußton verlängert) fortschreitende, in Mixturtechnik geführte Fassung der ersten Choralzeile. Trompeten I und III schließen Takt 422 den Beginn der 2. Zeile von fis^2 ausgehend - ebenfalls 1-taktig - an. (Trompete I enharmonisch mit ♭-Versetzungszeichen notiert!) Trompete III hält den Anfangston fünf Takte aus, während Trompete I die Zeile bis as^2 spielt; in dem Moment, wo b^2 (der nächste Choralton) erklingt, setzt Trompete III aus, und das Bachzitat (Takt 427) beginnt mit einem g-moll Akkord, in den sich b^2 wie auch das im Blech gerade erklingende B_1 als Terz einpassen. (Dies nur als Andeutung der Kompositionstechnik dieser Collage; auf diesbezügliche Vollständigkeit soll zugunsten der gewählten Orientierung der Analyse verzichtet werden.) Takt 439 folgt - von der Kontrabaßposaune vorgetragen - die kürzeste, *aphoristische* Version des Chorals (2. Zeile) in der Kontraoktave.

Eine solche Form der Stimmenschichtung in verschiedenen Registern und Tempi erzeugt eine Klangaura, die mittelalterlichen Kompositionstechniken entspricht. Die Klangschicht der Holzbläserzeile zeigt darüberhinaus Merkmale heterophoner Technik: ihre Konzeption als Quart-Quint-Organum greift auf die früheste Form mittelalterlicher Mehrstimmigkeit zurück. Der Choral wird also durch entsprechende Verfahren in verschiedene historisch denkbare Zusammenhänge gebracht, deren simultane Anwendung und Plazierung neben Zitaten von Beethoven, Skriabin, Bach, Tschaikowsky, Wagner und Eigenzitaten wiederum aus Zimmermanns pluralistischer Zeitauffassung resultiert.

Ähnliche Feststellungen machte Peter Kiesewetter hinsichtlich der Verarbeitung von Zitaten aus einer Pavane von Orlando Gibbons in Zimmermanns 1966 entstandenem Werk *Musique pour les soupers du roi Ubu: Durch* [...] *sehr artifizielle Prozeduren wird der nach Form und Kompositionsprinzip eher atypische stilisierte Tanzsatz des Orlando Gibbons mit den Satzkonventionen seiner Entstehungszeit rückverbunden, zugleich aber auch in eine aus Anspielungen auf Vergangenheit und Zukunft kunstvoll gefügte Präsenz und Repräsenz entrückt*[51].

Aus Tabelle 3 wird die Anordnung der übrigen verwendeten Zitate ersichtlich, deren genaue Quellen (mit Satz- und Taktangabe) Clemens Kühn in seiner Analyse vermerkt[52]. Auffällig sind hier zunächst die jeweils sechs Takte umfassenden Gruppierungen: die 6-taktigen Selbstzitate aus *Intercomunicazione*[53] korrespondieren stets mit 6-taktigen Pausen der durch das Zeitdehnungsprinzip formierten Choralversion. (Dabei ist zu beobachten, daß nur ein einziges dieser Selbstzitate in Zusammenhang mit den anderen Zitaten erklingt: Takt 403 - 408; eine relativ offene Darbietung scheint beabsichtigt.) Die 6-taktigen Formationen werden in Teil C weitergeführt (vergleiche Tabelle 4).

Insgesamt läßt sich im B-Teil eine Entwicklung beobachten, in der die Identifizierbarkeit der musikalischen Zitate allmählich abnimmt:

Clemens Kühn beschreibt die Wirkung des Beethovenzitats zu Beginn von Formteil B sehr treffend mit *Signalfunktion*[54]. Die Signalwirkung entsteht durch die gestische Verwandtschaft mit den beiden Blechbläser-*Attacken* der Übergänge von A (1) in A (2) beziehungsweise A (2) in A (3).

Das anschließende Skriabinzitat soll dann zwar schon *im Hintergrund bleiben* (siehe Angabe Takt 368), ist aber, abgesehen vom Choral, ebenso offen wie das Beethovenzitat montiert. Ähnlich konkret erklingen auch die nächsten beiden Zitate aus *Intercomunicazione* (das allerdings durch die Materie stärker mit dem Gesamtkontext verwoben ist, siehe spätere Bemerkungen)

----

51) Kiesewetter, a.a.O. S. 30; zu *Präsenz und Repräsenz* gibt er in einer Fußnote an: Zimmermann, Werkeinführung zu *Giostra Genovese*, in Intervall und Zeit, s. 109

52) Kühn, *Photoptosis*, a.a.O. S. 110 links oben

53) s. Kühn, *Photoptosis*, a.a.O. S. 110 links unten: Zitate aus *Intercomunicazione* Takt 190 ff. - Der Klavierpart aus *Intercomunicazione* erscheint in *Photoptosis* allerdings exakt rhythmisiert und uminstrumentiert (Klavier und Flöte und Harfe etc.)

54) Kühn, *Photoptosis*, a.a.O. S. 110 rechts unten

und nochmals Skriabin; vergleiche Tabelle 3: relativ geringe Dichte zu Beginn der *Montage* .

Die übereinandergeschichteten folgenden Zitate (Skriabin und Beethoven) bilden - vormals sukzessiv konzipiert - die Brücke zu der nun einsetzenden allmählichen Abnahme der Identifizierbarkeit, was sich ab Takt 403 einerseits aus Simultankonzeptionen mehrerer Materien (siehe Tabelle 3), andererseits aus der Wahl des Zitierten selbst ergibt: die Parsifal-Klänge tragen in wesentlich geringerem Maße als Beethoven und Skriabin prägnante Züge. Man bemerkt eher die zitierte Klangaura, die dem Zitat zugrundeliegenden Materialien hingegen sind weniger markant. Dieser Prozeß setzt sich mit der Übereinanderschichtung von Bach und Tschaikowsky (die zudem *p sempre* - Takt 428 - beziehungsweise *Lontano* - Takt 429 - vorzutragen sind), sowie dem *fingierten* [55] Wagnerzitat - Takt 435 ff. - fort: Kühn spricht von einer *reliefartig gestaffelten Collagefläche* [56]. Hier ergeben sich Querverbindungen zu der von C. G. Jung als *Kontamination* beschriebenen Beschaffenheit des Unbewußten:

Das *Unbewußte* [ist] *wie eine Landschaft im Mondschein, alle Inhalte sind verwischt und gehen ineinander über, und man kann nie wissen, wo etwas beginnt und wo es aufhört. Man nennt dies die Kontamination (Verwobenheit) der Inhalte des Unbewußten* [57].

Die Kontamination äußert sich unter anderem in den Träumen:

So gleicht unser Traumleben eigentlich einem Bandmuster, in welchem die einzelnen Fäden bald sichtbar werden, bald verschwinden und unerwartet wieder auftauchen [58].

Zimmermann selbst beschrieb seine *Dialoge* [59] als:

Dialoge über die Zeiten hinweg von Träumenden, Liebenden, Leidenden, Betenden, Träume von Glockenschlägen und dem Gedröhn von Düsenmaschinen, Träume wachen Auges und versunkenen Ohres geträumt, Ahnungen von Unwiderbringlichem ... [60].

In Bezug auf die Zitatanordnung in den Dialogen vermerkt er in der Partitur:

Die Zitate sollen dynamisch dergestalt gestaffelt sein, daß der Choral im Vordergrund und Jeux im Hintergrund bleibt, während die Zitate aus dem Mozart-Klavierkonzert eine Mittelstellung einnehmen: wie in einem Traum [61].

Ab Takt 451 nimmt die Collage-Dichte wieder ab: es erklingen lediglich Eigenzitate und zwei Choralschichten (Blech und Orgel/Streicher). Der ruhigste Punkt wird Takt 490 mit dem Ende der Blech-Choralschicht erreicht: diese Stelle (noch 14 Takte bis zu Beginn des C-Teils) wirkt wie eine *Insel* im Gesamtcrescendo und der Gesamtdichte des Werkes.

----

55) Kühn, *Photoptosis*, a.a.O. S. 110 links oben
56) Kühn, *Photoptosis*, a.a.O. S. 110 links unten
57) v. Franz, a.a.O. S. 173
58) v. Franz, a.a.O. S. 161
59) *Dialoge*, Konzert für zwei Klaviere und großes Orchester, 1960, revidierte Fassung 1965
60) Zimmermann, *I.u.Z.* a.a.O. S. 100
61) Partitur Schott ED 7134, S. 56, VI. Abschnitt, Anmerkung

Trotz äußerst offener Darbietung der Selbstzitate passen diese sich überaus flexibel in den dortigen Kontext ein, was verschiedene Gründe hat. Zum einen handelt es sich um die bereits erwähnte jeweilige Plazierung der Zitate in den Choralpausen der gemäß dem Zeitdehnungsprinzips angelegten Choralschicht; zum anderen ermöglicht die dynamische Verhaltenheit der Zitate eine dezente Anpassung. Darüberhinaus spielt die personaltypische Beschaffenheit des Eigenzitats eine Rolle: sie ermöglicht trotz geringem Dichtegrad und somit begünstigter Durchhörbarkeit eine unauffällige Einpassung in die musikalische Umgebung.

Die Behandlung der Formgrenzen zwischen A/B und B/C geschieht in beiden Fällen in dynamischer Kontinuität (ff-Beethoven zu Beginn von B wächst aus dem Crescendo von A hervor; relativ leiser Beginn von C knüpft an die dynamische Verhaltenheit zum Schluß von B an). Vom Material her ergibt sich jedoch eine konträre Gestaltung: während dem Beethovenzitat - wie bereits erwähnt - durch materielle Prägnanz eine Signalfunktion zukommt, wirken die Eigenzitate aus *Intercomunicazione* als Brücke zum Teil C.

Die in Formteil B häufig anzutreffenden 6-taktigen Gruppierungen werden in Teil C (Takt 505 - 728) fortgesetzt; aus Tabelle 4 wird die Dominanz dieser Formation ersichtlich (vergleiche auch die Druckaufteilung der Partitur: zum Beispiel Seite 74 - 82: jeweils sechs Takte pro Seite!).

Für die formale Binnenstrukturierung von C sind verschiedene Unterteilungen denkbar.
So geht Kühn zum Beispiel von der Spielanweisung und den dynamischen Vorschriften der Streicher aus und gelangt zu folgender Unterteilung:

C(a)	505 - 528	(Triller, pp mf)	505 - 624: gleicher Akkord, DIVISI
C(b)	529 - 546	(Triller, mf ff)	
C(c)	547 - 574	(gestrichen, fff sempre)	
C(d)	575 - 624	(beliebige Tonfolgen aus festgelegtem Tonmaterial, con tutta la forza)	
C(e)	625 - 728	(ausnotierte Tonfolgen, con tutta la forza)[62]	TUTTI

Eine ähnliche Unterteilung ergibt sich, faßt man C(a) und C(b) als einen Abschnitt auf. (Da bereits für C(a) ab Takt 519 *crescendo* als dynamische Vorschrift existiert, läßt sich eine scharfe Trennlinie in der dynamischen Entwicklung hier sowieso nicht feststellen.) Diese hat zudem den Vorteil, daß sie die in Formteil C mindestens ebenso dominierende Gruppe der Holzbläser gleichwertig berücksichtigt: Takte 547, 575 und (durch formale Verzahnung und Pause um 9 1/2 Takte gegenüber den Streichern

----

62) In der Coda liegt eine nochmalige Änderung vor, die Kühn hier nicht berücksichtigt; ferner greifen die letzten acht Takte auf die Textur von C(c) zurück

TABELLE 4 Formale Disponierung, Zitatanordnung und Instrumentation in Formteil C (T. 505 - 728) von Photoptosis

Formteil C (1a): T.505-574; C (1b): T.575-624; C (2): T.625-728

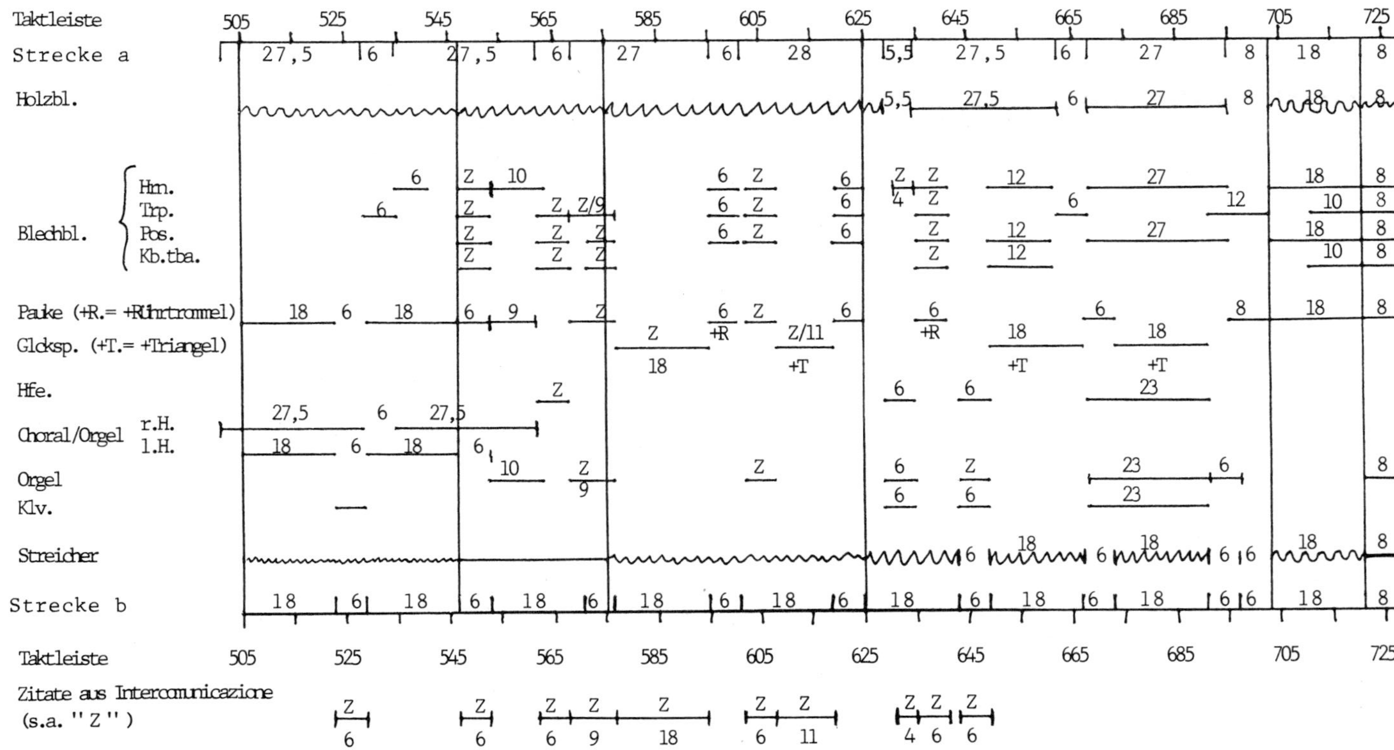

verschoben) Takt 634 (statt 625) ändert sich jeweils das Partiturbild der Holzbläser, was sich - im Gegensatz zu den Streichern - grundsätzlich aus der Erweiterung des Ambitus ergibt. (Lediglich Takt 547 liegt auch in den Streichern zusätzlich zur Änderung der Spielanweisung eine Ambituserweiterung vor: Kontrabaß: Gis_1-E=Gesamtambitus jetzt: Gis_1-fis^3.) Der zunächst vorliegende Gesamtambitus beträgt vier Oktaven (Fis-fis^3, gis-e^2 als chromatisches Total). Takt 547 erweitert der Kontrabaß den Tonraum auf circa fünf Oktaven (Gis_1-fis^3). Auch in den Holzbläsern nimmt der Ambitus zu, übersteigt jedoch nicht den Gesamtumfang. Erst in Takt 575 überschreiten die Flöten den bisher höchsten Ton fis^3 mit h^3, ab Takt 634 mit fis^4, sodaß hier ein Gesamtambitus von circa sechs Oktaven vorliegt. Die für die formale Gliederung ausschlaggebende Taktziffer soll jedoch hier 625 (Veränderung der Streichertextur) bleiben, da die Holzbläser (634) den Streichern hier quasi imitatorisch folgen. In der Coda erweitert das Kontrafagott den Tonraum in der Tiefe (D_1). Dafür fällt die oberste Oktave (fis^3-fis^4) der Piccoloflöten weg. Als Gliederung ergibt sich somit:

C(a/b) 505 - 546
C(c) 547 - 574 (Diese Gliederung ist durch vertikale Linien
C(d) 575 - 624 in Tabelle 4 verdeutlicht.)
C(e) 625 - 728

Eine weitere Möglichkeit der Einteilung bildet die Handhabung der Instrumentation von Blechbläsern und Schlagzeug. Auffällig ist zunächst der Einsatz von Pauke (bis Takt 576) und Glockenspiel (Takt 577 ff.). Da dieser instrumentatorische Aspekt - wie noch zu zeigen sein wird - auch durch andere Gegebenheiten der formalen Disposition bestätigt wird, wurde dementsprechend schließlich folgende Untergliederung für Formteil C gewählt:

C(1a) 505 - 574[63]
C(1b) 575 - 624
C(2) 625 - 728

Die Untergliederung als C(1a) und C(1b) geschah aus der Überlegung heraus, daß das von Holzbläsern und Streichern in C(1) ununterbrochene Spiel in C(2) erstmals auch pausierende Momente erhält, und C(2) daher als geschlossener Block gegenüber C(1) kenntlich gemacht werden sollte.

Die oben erwähnte Pauken-Instrumentation rührt daher, daß die durch das Zeitdehnungsprinzip strukturierte Choralschicht aus dem Collageteil (B) in Teil C zunächst noch fortgesetzt wird. Die linke Hand des Orgelparts war ab Takt 409 mit Pauken gekoppelt (siehe Tabelle 3); diese Kombination wird

----

63) Die Formgrenze wurde übereinstimmend mit der Veränderung der Streicher- und Holzbläsertextur (s. Bemerkungen im Text) auf Takt 574 (Pauke: bis Takt 576) festgelegt

in C beibehalten: die in B nur begonnene 2. Choralzeile wird in C zum Abschluß gebracht (Takt 561). Dabei bleibt auch das Prinzip, die Selbstzitate aus *Intercomunicazione* in die 6-taktigen Pausen von Strecke b(= linke Hand der Orgel + Pauken) einzufügen, erhalten (siehe Tabelle 4). Die linke Hand des Orgelparts endet Takt 552 mit einer 6-taktigen Pause. Somit liegen seit Beginn von Teil B (Takt 361) für diese kürzere Strecke b (24 Takte) bis Takt 552 acht Einsätze vor, insgesamt auf 192 Takte (361 - 552) verteilt. Da die Kombination der linken Hand der Orgel mit Pauken erst ab Takt 409 realisiert wurde, ergibt sich folgendes Bild:

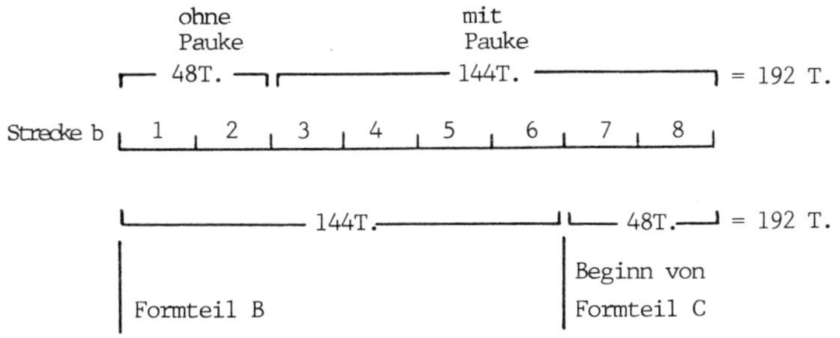

Abbildung 20

Veni creator spiritus korrespondiert also insgesamt auch mit Formteil A(1), indem der Choral und A(1) längengleich sind, also das Verhältnis 1 : 1 vorliegt (siehe auch Tabelle 5):

A(1)	192			192	
A(2)	72	1:1	1:1	72	
A(3)	96			96	
Choral	B 144	192	192	48	ohne Pauke
(Orgel linke Hand)	+ 48 von C(1a)			+ 144	mit Pauke

Abbildung 21

Da sich sämtliche Zahlen als Vielfache von 24 darstellen lassen, ergeben sich folgende Proportionen (vergleiche rhythmische Simultananordnungen in Teil C: **2** : 3 : 4 : ...!):

48 : 72 : 96 : 144 : 192
2 : 3 : 4 : 6 : 8

Die Partie der rechten Hand endet jedoch erst - gemäß der ihr zugeordneten Dauer von 33,5 Takten - in Takt 561; von Takt 361 bis Takt 561 (= 201 Takte) ist sie also mit sechs Einsätzen bestückt (6 x 33,5 = 201). Die Pauke ist noch bis Takt 576 im Einsatz (2-taktige Überlappung mit der für Holzbläser beziehungsweise Streichern gültigen Formgrenze/Ende von C(1a) (siehe Fußnote 63)! Takt 577 setzt das Glockenspiel ein, das - hier erstmals mehrere Takte hintereinander angewandt - eine im bisherigen Kontext noch nicht aufgetragene Farbe erklingen läßt. Bis zum Ende von Formteil C(1) in Takt 625 wird es noch ein zweites Mal für einen längeren Ablauf eingesetzt. Somit sind farbmäßige Unterschiede zwischen C(1a) und C(1b)

TABELLE 5 Formplan von Photoptosis/Übersicht

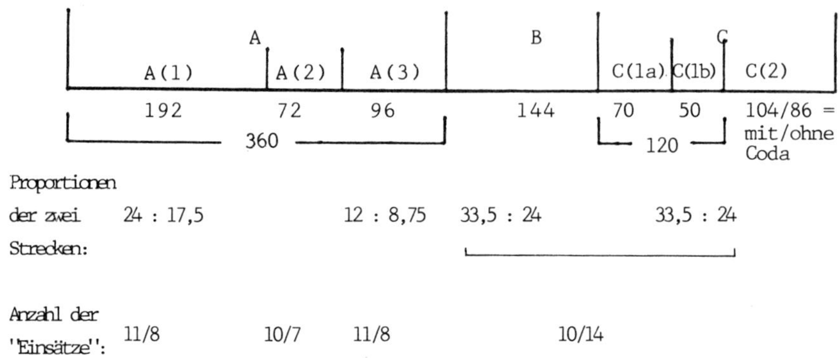

Vgl. ferner die sich durch Fortführung des Chorals in Formteil C ergebende Gliederung:

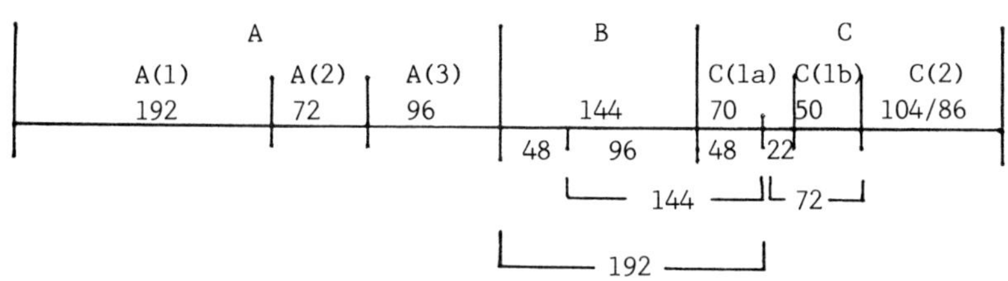

Proportionen: 192 : 192 = 1 : 1
96 : 96 = 1 : 1
72 : 72 = 1 : 1
48 : 48 = 1 : 1
192 : 96 = 2 : 1
144 : 72 = 2 : 1
96 : 48 = 2 : 1

Erklärung der Zahlen:
siehe auch Abb. 19 u. 20

Formale Tritonusproportionen:

mit Coda:		ohne Coda:
728 : 504 ≈ 1,44		710 : 504 ≈ 1,41
368 : 264 ≈ 1,39		504 : 350 ≈ 1,44
144 : 104 ≈ 1,39		206 : 144 ≈ 1,43
70 : 50 = 1,4		120 : 86 ≈ 1,39
		70 : 50 = 1,4

Erklärung der Zahlen:

(m.C. = mit Coda, o.C. = ohne Coda)

144 = B	504 = A + B
206 = C (o.C.)	264 = B + C (1)
70 = C (1a)	368 = B + C (m.C.)
50 = C (1b)	350 = B + C (o.C.)
120 = C (1)	728 = A + B + C (m.C.)
104 = C (2) (m.C.)	710 = A + B + C (o.C.)
86 = C (2) (o.C.)	

vor allem in der Verwendung von Pauken/C(1a) und Glockenspiel/C(1b) zu sehen (gemeinsam ist die Grundfarbe des kontinuierlichen Holzbläser- und Streicherteppichs).

Die 120 Takte von C(1) erhalten dadurch eine Unterteilung in 505 - 574 und 575 - 624 = 70 : 50 (Tritonus). Die 2-taktigen Überlappungen entstehen aufgrund eines anderen Gestaltungsprinzips, das im folgenden zu erklären sein wird.

Das oben angesprochene Prinzip offenbart sich spätestens in Formteil C(2). Die seit Beginn von Teil C kontinuierlich fortdauernden Klangschichten von Streichern und Holzbläsern erfahren hier erstmalige Unterbrechungen, deren Anordnungsmodus aus Tabelle 4 hervorgeht; Holzbläser: 27,5 Takte Klang + sechs Takte Pause, Streicher: 18 Takte Klang + sechs Takte Pause, also 33,5 : 24. Rückblickend wird klar, daß diese Proportion sowohl für Formteil B als auch für den gesamten Formteil C (zumindest bis zur Coda, deren 18-taktige Länge jedoch unbedingt eine Entsprechung zu Strecke b = 18 + 6 ergibt) gültig ist. Die unter a und b in Tabelle 4 (oben beziehungsweise unten) skizzierten Raster sollen dies verdeutlichen (vor allem auch für Abschnitt C(1b), wo die Zuordnungen auf den ersten Blick nicht unbedingt erkennbar sind). Von Beginn des Collageteils (Takt 361) bis zum Beginn der Coda (Takt 703) wird somit die zeitliche Disponierung von insgesamt 362 Takten durch dieselbe Proportion gestaltet. Circa 50 % der Gesamtdauer des Werkes werden demnach von der Proportion 33,5 : 24 bestimmt: B + C (bis zur Coda) = 362 Takte gegenüber 360 Takten von A (= circa 1 : 1).

Die schon in B vorliegenden Eigenzitate Zimmermanns aus *Intercomunicazione* setzen sich in Teil C fort. Neben der in Tabelle 4 angelegten Zusatzspalte *Zitate aus Intercomunicazione* (und deren jeweilige Instrumentation, in der Graphik durch *Z* gekennzeichnet) soll Abbildung 22 die Taktangaben aus *Intercomunicazione* mit den jeweiligen Plazierungen in *Photoptosis* vergleichen. Hierbei offenbart sich ein Bezugssystem, das in den bisher publizierten Werkanalysen unerwähnt blieb.

Offensichtlich übertrug Zimmermann den Klavierpart aus *Intercomunicazione* unter Beibehaltung der dort vorliegenden zeitlichen Proportionierung. Der Zeitverlauf wird dabei allerdings auf das Doppelte gedehnt, wobei - wie bereits erwähnt (s. Seite 31) - ein fixiertes Tempo in *Photoptosis* (1 Takt = 1 sec) einem variablen in *Intercomunicazione* (1 Takt = 1 - 2 sec) gegenübersteht.

	Intercomunicazione T. ... ff.	Länge ca. (..)T.	*Photoptosis* T. ... ff.	Länge ca. (..)T.	
1.	190	(3)	379	(6)	
	198		entfällt		
2.	202	(3)	403	(6)	
	214		entfällt		
3.	226	(3)	451	(6)	
4.	231	(3)	461	(6)	
5.	238	(3)	475	(6)	
6.	248	(5)	495	(10)	
7.	262 (ähnlich:267)	(3)	523	(6)	
8.	274	(3)	547	(6)	
9.	281	(3)	561	(6)	
10.	284,5	(4,5)	586	(9)	
11.	298	(3)	577^x	(18)	(Glockenspiel)
12.	301,5	(3)	602	(6)	
13.	310	(3)	608^x	(11)	(Glockenspiel)
14.	315,5	(2)	630	(4)	
15.	318	(3)	635	(6)	
16.	322	(3)	643	(6)	

^{x} = *falsch* im Sinne des ansonsten geltenden Prinzips (s. auch: drei Takte in *Intercomunicazione* werden hier zu 18 Takten beziehungsweise elf Takten, was unter anderem vermutlich den akustischen Bedingungen des Glockenspiels Rechnung zu tragen versucht.)

Abbildung 22

Der vermutlich zugrundeliegende Übertragungsmodus differenziert sich folgendermaßen:

Bis Takt 190 in *Intercomunicazione* sind 189 Takte vergangen, nachfolgender Takt = Takt 190. Bis Takt 379 in *Photoptosis* sind 378 Takte vergangen, nachfolgender Takt = Takt 379. 189 x 2 = 378, daher ist Takt 379 in *Photoptosis* die entsprechende Einsatzstelle zu Takt 190 in *Intercomunicazione*. Dieses Prinzip läßt sich bis in Details verfolgen. Zum Beispiel 10. Zitat (s. Abbildung 22): bis Takt 284,5 sind 283,5 Takte vergangen; 283,5 x 2 = 567 = analoge Einsatzstelle in *Photoptosis* ist Takt 568. Ferner werden die Anordnungsprinzipien des 6. Zitats (s. Abbildung 22) exakt übernommen. Die drei Schichten des Klavierparts in *Intercomunicazione* (1. gis^2/b^2 mit Vorschlag; 2. A/H mit Vorschlag; 3. fis) werden in *Photoptosis* (Takt 495) auf die folgenden Instrumente übertragen: 1. = Klavier rechte Hand, 2. = Klavier linke Hand, 3. = Harfe. Dabei fällt auf, daß der Harfeneinsatz direkt an das a^1 der Orgel anschließt. In analoger Weise wird so die Ablösung

Violoncello - Klavier aus *Intercomunicazione* (Takt 250) übernommen.

Im Notenbeispiel 4 wird die Übertragungstechnik aus der Zeitstrecken-Notation von *Intercomunicazione* in die metrisch durchorganisierte Formulierung in *Photoptosis* sichtbar. Dabei reguliert das Tritonusverhältnis (13 Triolengruppen in der rechten Hand : neun Akkordanschlägen in der linken Hand) die Impulsanzahl der beiden Hände[64]. In der akustischen Ausführung entsteht jedoch (in beiden Werken) eine 4 : 3 Proportionierung (vier Triolengruppen rechts : drei Akkordanschlägen links.)

Formale Identitäten zwischen *Intercomunicazione* und *Photoptosis* beschränken sich jedoch nicht - wie eventuell angenommen werden könnte - auf jene Formteile von *Photoptosis*, die Zitate aus *Intercomunicazione* verwenden; vielmehr sind sie auch vor Beginn der Selbstzitate, also im gesamten Werk vorzufinden. *Intercomunicazione* kann als *'Vorlage'* zu *Photoptosis* bezeichnet werden als formales Gerüst, das im Orchesterwerk eine farbige Ausschmückung erfährt.

Sämtliche für *Photoptosis* (bis Takt 697) festgestellten Proportionen sind *Intercomunicazione* (bis Takt 349) entlehnt (dort stets in halber Proportion vorkommend, vergleiche Seite 30/31); dies gilt sowohl für die Streckenlängen, ihre Verhältnisse zueinander und die Anzahl der Einsätze. Ferner ist sogar die Analogie in der Zäsurbildung zwischen A(1)/A(2) und A(2)/A(3) aus *Intercomunicazione* entnommen (s. Seite 24f., vergleiche Zitat Seite 43).

Für *Photoptosis* wird der übergeordnete Plan nochmals in Tabelle 5 zusammengefaßt; dort sollen auch die Tritonusrelationen, die sich zwischen verschiedenen Formteilen ergeben, durch Zahlen manifestiert werden. Interessanterweise ergeben sich derartige Bezüge für beide Aufführungsmöglichkeiten von *Photoptosis* (mit beziehungsweise ohne Coda); Einzelheiten siehe Tabelle 5.

Photoptosis (griechisch = Lichteinfall) wurde von Ives Kleins monochrom gestalteten Wandflächen im Gelsenkirchener Stadttheater inspiriert. Ives Klein (1928 - 1962)[65] hatte, wie auch Zimmermann, eine Affinität zu mystischem Gedankengut. Er beschäftigte sich mit der Lehre des Rosenkreuzerordens und erwarb in Japan die höchsten Judo-Grade. Sein künstlerisches Anliegen galt der *Entmaterialisierung* der Kunst. Monochrome Farbflächen (meist in blau) bilden einen wesentlichen Bestandteil seines Schaffens. *Blau,* sagte Klein, von Claudel ausgehend, *ist das Unsichtbare, sichtbar werdend.*[66]

Zimmermann äußerte sich über die Anregung durch Ives Kleins blaue Wand-

----

64) Eine solche Impulsproportionierung durch den Tritonus findet sich auch an vielen anderen Stellen in *Intercomunicazione* und - analog - *Photoptosis*

65) Informationen s. Kindlers Malerei Lexikon, a.a.O. Bd. 7, S. 231 - 233. S. 231 enthält eine Fotografie des Gelsenkirchener Stadttheaters

66) Kindler, a.a.O. S. 233

flächen wie folgt:

Es hatte mich seinerzeit sehr fasziniert, in der Malerei ähnlichen Fragestellungen zu begegnen, wie sie mich seit längerer Zeit beschäftigten, und zwar im Hinblick auf Zusammenhänge zwischen Prinzipien der Zeitdehnung und solchen monochromer Klangfarbenflächen, wie etwa bei meiner elektronischen Komposition Tratto oder Intercomunicazione per violoncello e pianoforte. [67]

Im Gegensatz zu *Tratto* und *Intercomunicazione* gestaltet Zimmermann in *Photoptosis* - begünstigt durch die vielfältigen Möglichkeiten des Orchesterapparates - die klanglichen und dynamischen Kontraste wesentlich extremer: grellsten Farberuptionen gegen Ende des Stückes stehen zarte, milchigtrübe Schattierungen zu Beginn gegenüber. Der Einfallswinkel des Lichts erzeugt verschiedenartigste Reflexionen der Farbfläche. Die Behandlung der orchestralen Klangfarbe erscheint so betrachtet als Transformation aus dem optischen in den akustischen Wahrnehmungsbereich.

Eine Äußerung von Aloys Kontarsky zu *Intercomunicazione* erscheint unter diesem Blickwinkel doppeldeutig: *Ich habe oft den Eindruck, er habe eine früher komponierte Musik nachträglich unter einem monotonen und düsteren Klangschleier verborgen. Nur ganz selten, aber auf unvergeßliche Weise, gelingt am Rande dem alten, familiären Instrumentalklang der Durchbruch, der nun selbst zum Zitat geworden ist.* [68]

Die *'Federzeichnung'* von *Intercomunicazione* findet sich in *'kolorierter'* Form in *Photoptosis* wieder, eine früher komponierte Musik wird also hier nachträglich zu voller Farbigkeit entfaltet.

Neben dem Erlebnis der Farbigkeit von *Photoptosis* besteht gleichrangig der Eindruck der formalen Geschlossenheit. Gleichsam prophetisch klingt Zimmermanns Äußerung in einem Brief an Gerd Wolfgang Baruch aus dem Jahre 1952, *er* [werde] *vermutlich erst mit 50 Jahren seine richtige 'Form' oder 'Dichte' (oder weiß der Kuckuck wie man es nennen soll) finden.* [69]

Das *Prinzip der Zeitdehnung* muß als ein wesentlicher Beitrag zum kompositorischen Gelingen seiner Intentionen, zumal hinsichtlich formaler Aspekte, gesehen werden.

----

67) Zimmermann, *I.u.Z.*, a.a.O. S. 115
68) zitiert aus Halbreich, a.a.O. S. 254
69) Baruch, a.a.O. S. 319

Notenbeispiel 1 Intercomunicazione

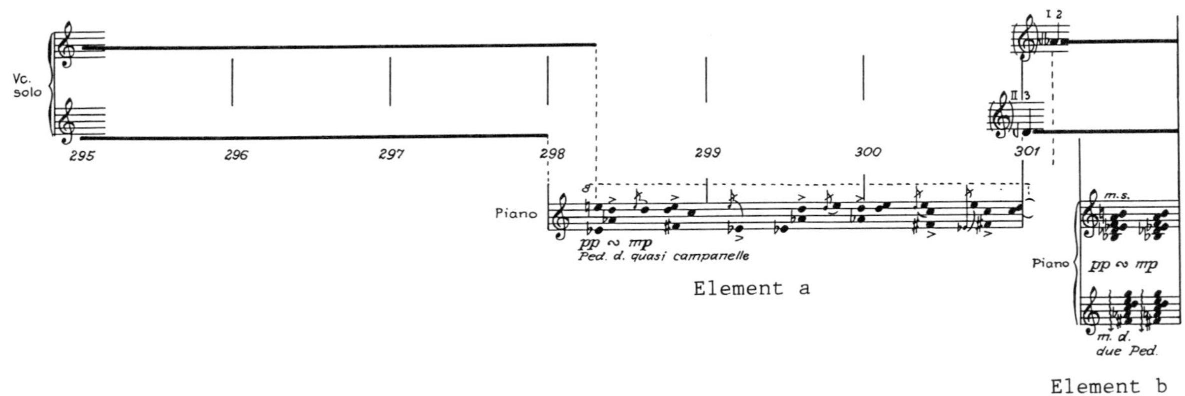

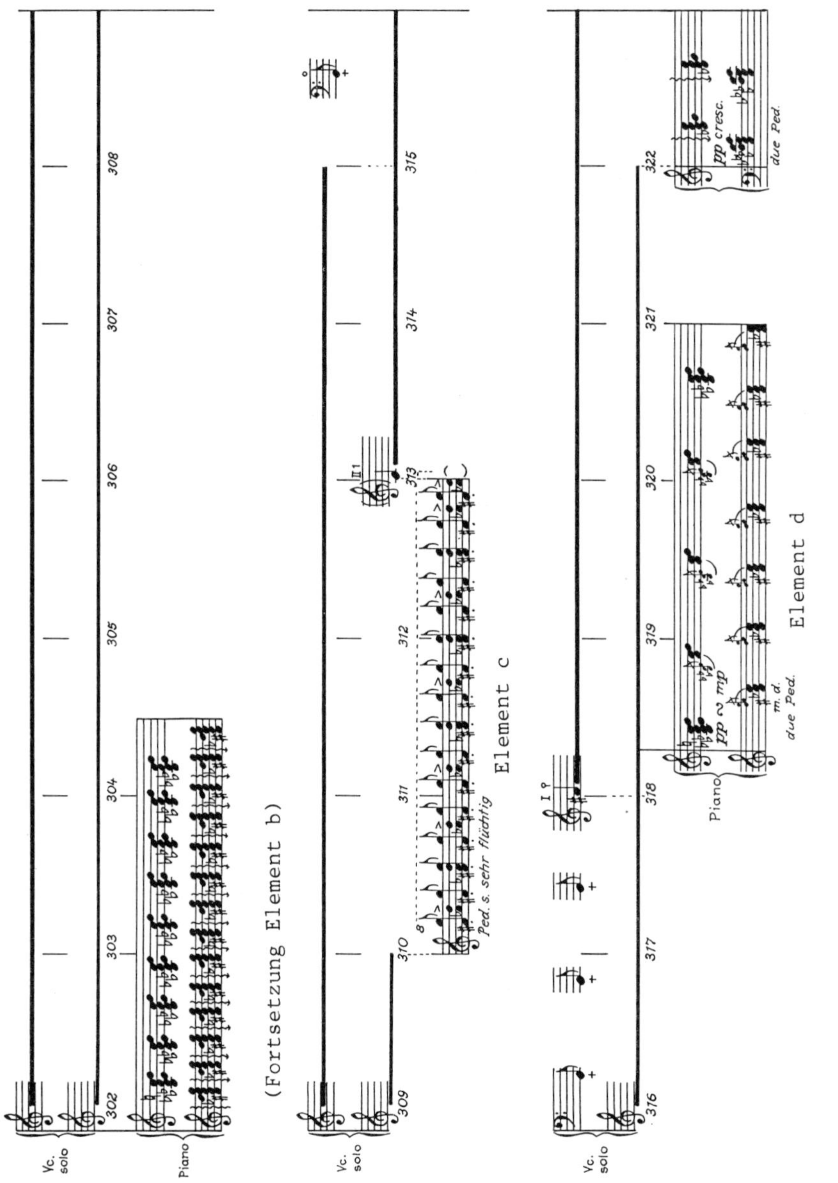
Vc. solo
Piano
(Fortsetzung Element b)
Ped. s. sehr flüchtig
Element c
pp mp
m. d.
due Ped.
pp cresc.
Element d

Notenbeispiel 2 Stille und Umkehr

 Element (a)

77 Element (b)
78
(H) 79
Fl.
Ob.
E. H.
unregelmäßige cresc. und dim.)
Alt-Sax.
unregelmäßige cresc. und dim.)
Klar.
Hr. 1
2 Bck.
kl. Tr.
Hfe.
pp
(H) Element (c)
(div.)
3 Vcl.
pp come prima
3 Kb.

Element (d)
80
81
Fl.
pp dolce, port.
Ob.
E. H.
Alt-Sax.
Klar.
Hr. 1
dolce, port.
2 Bck.
kl. Tr.
mf
pp
pizz.
(a3)
3 Kb.
mp

Notenbeispiel 3 Photoptosis

Notenbeispiel 4

Intercomunicazione

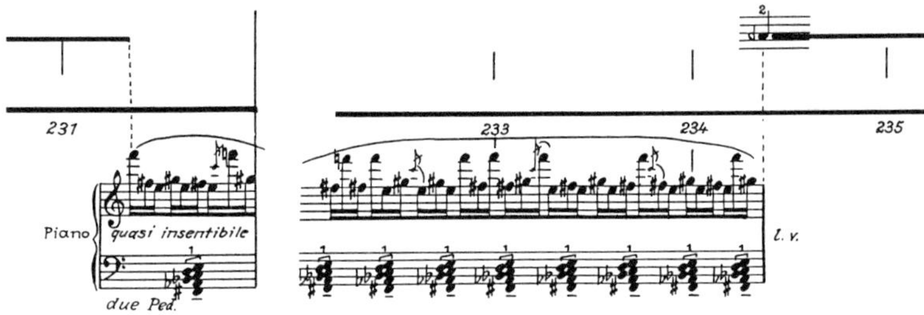

Photoptosis

Beispiel 5 TRATTO

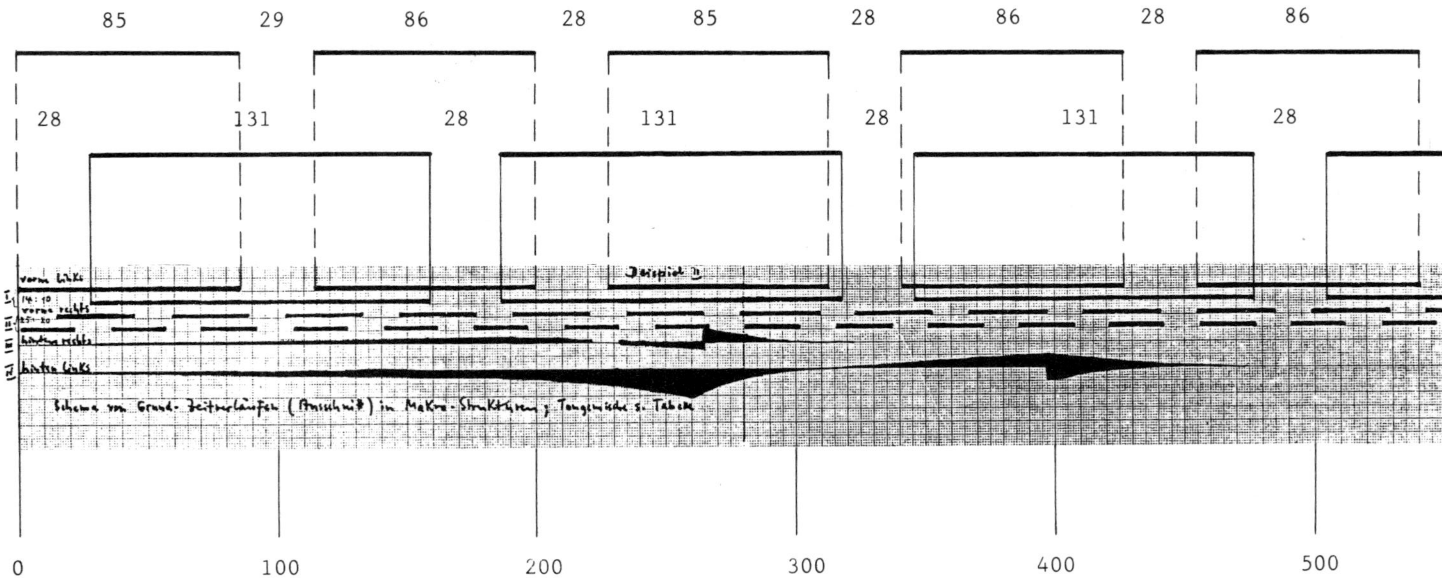

85 bzw. 86 mm Klang + 28 bzw. 29 mm Pause = 114 mm

28 mm Pause + 131 mm Klang = 159 mm

—159 : 114 = 1,39 ≈ <u>14 : 10</u>

Notenbeispiel 6

Bernd Alois Zimmermann

Intercomunicazione

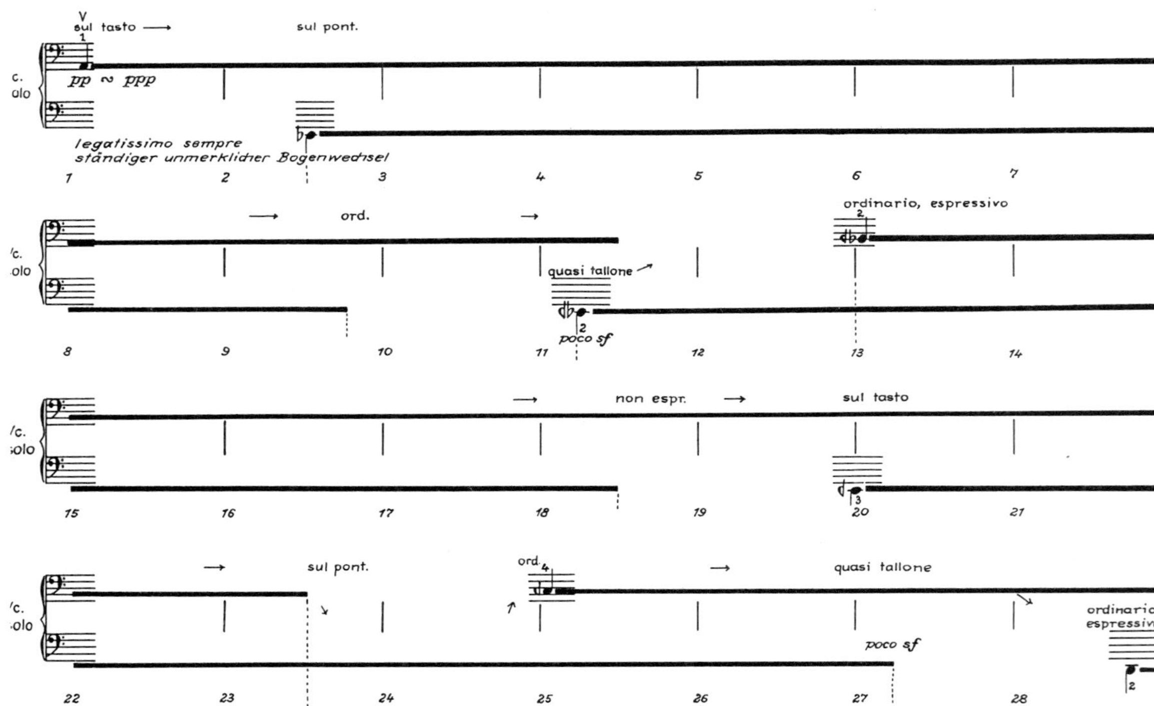

Der Abstand zwischen den Ordnungszahlen soll nicht weniger als eine und nicht mehr als zwei Sekunden betragen. Der einmal gewählte zeitliche Abstand ist mit größter Strenge einzuhalten: er ist für beide Spieler verbindlich. Diese sollten danach trachten (durch Vermeidung jeglicher Unruhe!), den ruhigen Fluss des zeitlichen Ablaufs zu gewährleisten.

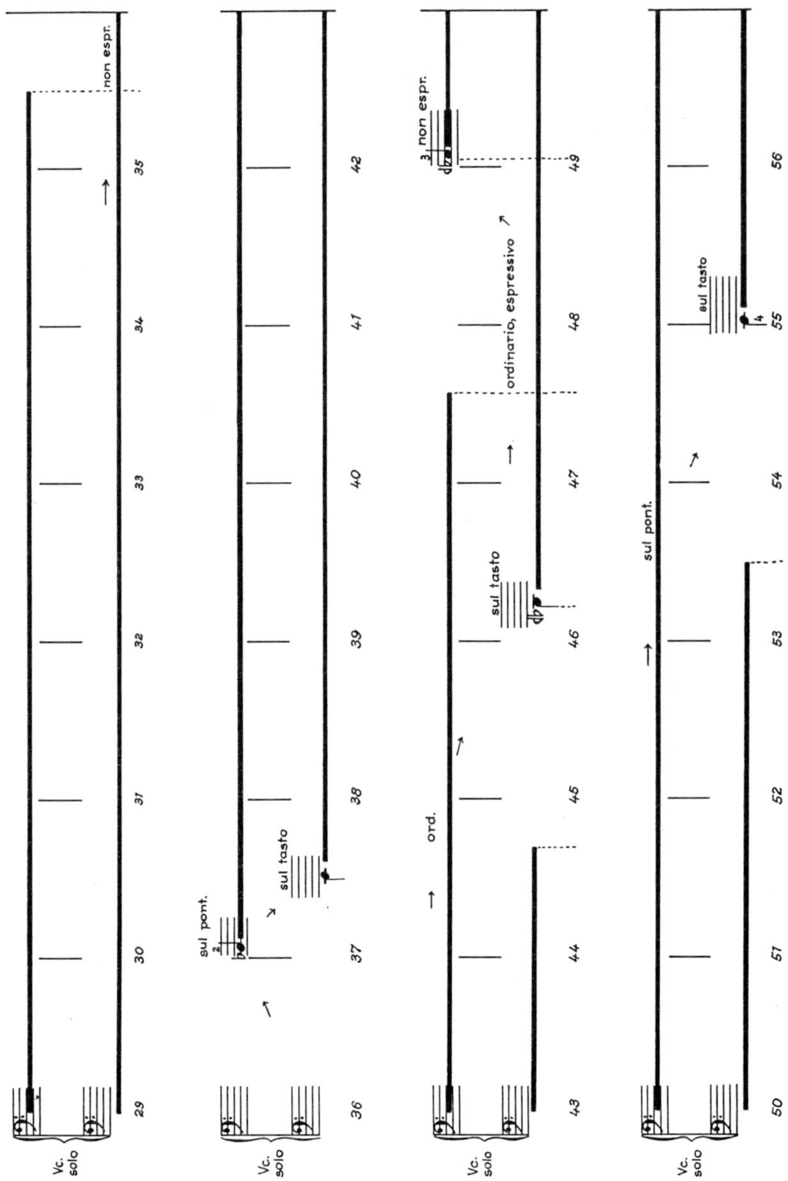
Vc. solo
non espr.
29 30 31 32 33 34 35
sul pont.
sul tasto
36 37 38 39 40 41 42
ord.
sul tasto
ordinario, espressivo
non espr.
43 44 45 46 47 48 49
sul pont.
sul tasto
50 51 52 53 54 55 56

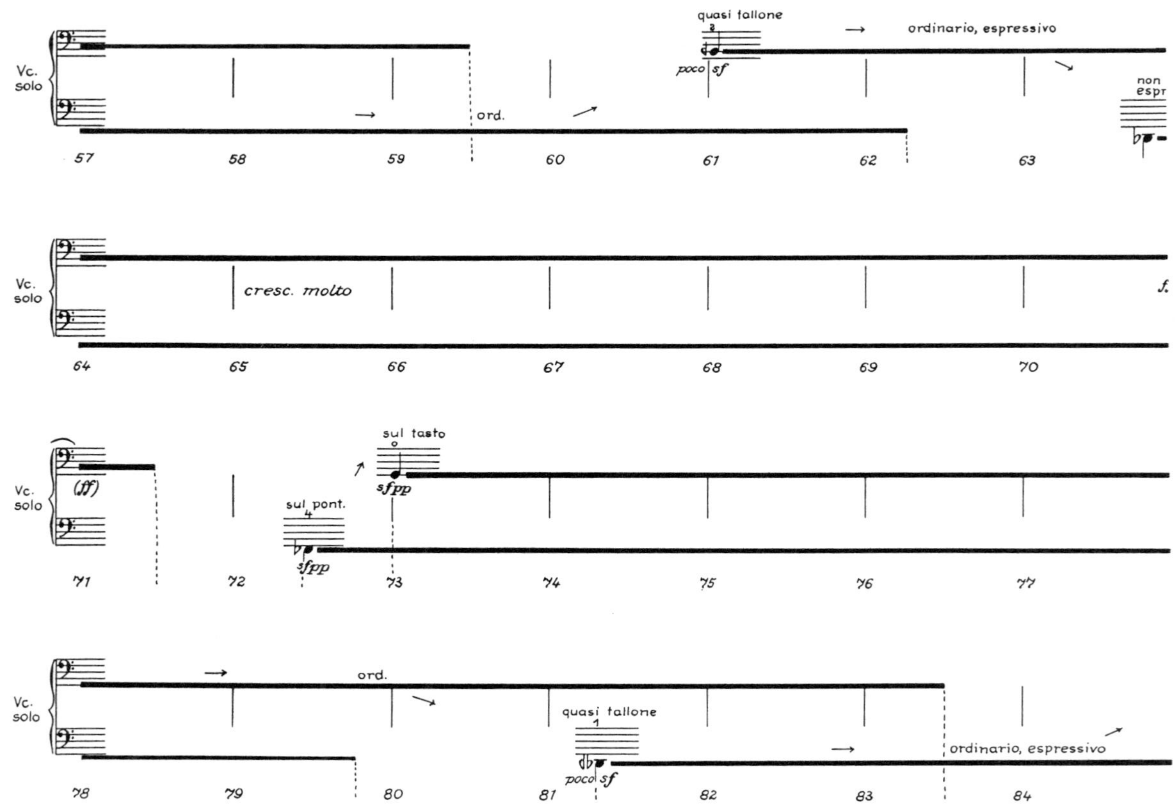
Vc.
solo
quasi tallone
poco sf
ordinario, espressivo
ord.
non
espr
57
58
59
60
61
62
63
cresc. molto
f.
64
65
66
67
68
69
70
(ff)
sul tasto
sfpp
sul pont.
sfpp
71
72
73
74
75
76
77
ord.
quasi tallone
poco sf
ordinario, espressivo
78
79
80
81
82
83
84

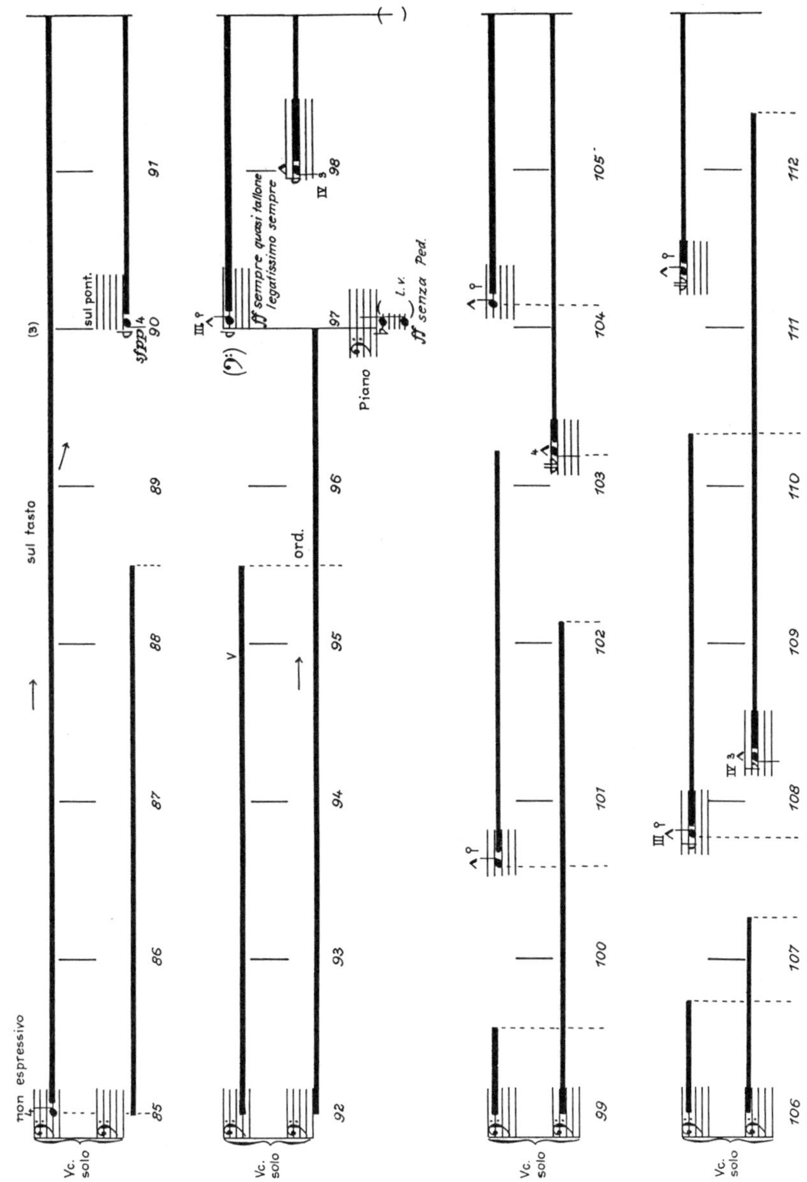
Vc. solo
non espressivo
sul tasto
(3)
sul pont.
sfpp
85 86 87 88 89 90 91
ord.
ff sempre quasi tallone
legatissimo sempre
Piano
l.v.
ff senza Ped.
92 93 94 95 96 97 98
99 100 101 102 103 104 105
106 107 108 109 110 111 112

Martina Hippe

B. A. ZIMMERMANNS *TEMPUS LOQUENDI...* *

Das Stück entstand 1963 und ist dem italienischen Flötisten Severino Gazzeloni gewidmet, der es 1964 im Rahmen der Internationalen Ferienkurse für Neue Musik in Darmstadt uraufgeführt hat. Alle Solokompositionen Zimmermanns tragen, mit Ausnahme dieses Flötenstückes, den Titel *Sonate*, wobei die Bezeichnung im ursprünglichen Sinne von *Klangstück* [1] oder *Instrumentalstück* [2] gemeint ist. Die Ausnahmeerscheinung läßt sich unter anderem mit einer bei Zimmermann allgemein zu beobachtenden Tendenz erklären, wonach er seit etwa Mitte der 50er Jahre statt der bloßen Werkbezeichnung bevorzugt individueller wirkende Titel verwendet; zum Beispiel *PERSPEKTIVEN*, *DIALOGE*, *PRESENCE*, *PHOTOPTOSIS* und so weiter. Zimmermann wählte als Überschrift für sein Flötenstück, der einzigen Solokomposition, die nicht für ein Streichinstrument geschrieben ist, ein Wort aus dem *Liber Ecclesiastes III*, das der Komponist folgendermaßen erläutert: *Das Werk trägt den Titel 'Tempus loquendi...*, *Zeit des Redens*, *und genauso wie für das Sprechen oder das Singen der Atem erforderlich ist*, *so ebenfalls auch für den Bläser: der Atem ist gewissermaßen das 'Tempus loquendi...'* [3]. Zimmermann setzt also den Atem, die elementarste Bedingung des Blasens, mit der Zeit, der *elementarsten Kategorie alles Erlebens überhaupt* [4] gleich, das heißt die Zeit soll durch den Atem erfahrbar werden.

Der Zusammenhang von Zeit und Atem wird schon gleich zu Beginn der Komposition mit Abschnitt I deutlich. Hier ist das musikalische Geschehen auf einen einzigen, lang ausgehaltenen Ton beschränkt, der lediglich durch wechselnde Dynamik und verschiedene Arten des Vibratos klanglich modifiziert wird (siehe Notenanhang). Dieser Reduktion der musikalischen Ereignisse auf einen Ton kommen zweierlei Bedeutungen zu: zum einen bewirkt sie *eine Wiederbesinnung auf die fundamentale Gegebenheit* [des Tones] [5], das heißt dem Zuhörer beziehungsweise auch Spieler soll das *Urerlebnis* Ton wieder bewußt gemacht werden. Zum anderen bedeutet diese Tonzentrierung das Aufheben jeglicher musikalischer Bewegung, was einem Stillstand der Zeit entspricht.

Der Ton *a*, der etwa 30 Sekunden - möglichst auf einem Atem gespielt - erklingt, läßt bei dem Hörer das Gefühl von Zeitlosigkeit oder gar Unendlichkeit der Zeit aufkommen. Der Gedanke der Reduktion allen Geschehens auf eine Tonhöhe beschränkt sich nicht nur auf diesen ersten Abschnitt, sondern er kommt auch in anderen Teilen zum Tragen, das heißt er erhält

----

1) Bernd Alois Zimmermann in: Christof Bitter (Hrsg.): B.A. Zimmermann. *Intervall und Zeit*. Aufsätze und Schriften zum Werk, Mainz 1974, S. 68
2) *I.u.Z.* S. 78
3) *I.u.Z.* S. 70
4) *I.u.Z.* S. 42
5) *I.u.Z.* S. 86
* Vgl. Bibliographie, Nachtrag, S. 142, Nr. 387

strukturelle und zugleich auch formale Bedeutung (weitere Einzelheiten S. 93). Unter diesem Aspekt deutet sich also schon in *Tempus loquendi...* das von Zimmermann später konzipierte Prinzip der Zeitdehnung an.

Kompositionstechnisch gesehen handelt es sich bei *Tempus loquendi...* wie bei der Cello-solo-Sonate, *um ein Derivat des Seriellen* [6]. So ist der Ausgangspunkt eine Zwölftonreihe, die folgende Intervallstruktur aufweist (der einfacheren Schreibweise wegen wird mit Halbtonschritten gearbeitet):

1 - 2 - 5 - 4 - 3 - 6 - 3 - 4 - 5 - 2 - 1

In diesem Zusammenhang vergleiche man den Aufbau der Zwölftonreihe aus der Cello-solo-Sonate, der mit dem der 11. Permutationsreihe der Hauptreihe der *Soldaten* identisch ist:

1 - 1 - 5 - 2 - 1 - 6 - 1 - 2 - 5 - 1 - 1

Der Vergleich zeigt zahlreiche Berührungspunkte der beiden Reihen, das heißt *Tempus loquendi...*, das Zimmermann *in einem gewissen Zusammenhang mit* [s] *einer Cello-solo-Sonate sehen* [möchte], hängt in struktureller Hinsicht auch indirekt mit den *Soldaten* zusammen[7]. Überträgt man die Intervallstruktur nun auf die Tonhöhe *es*, so entsteht folgende Zwölftonreihe:

Wie schon aus der Intervallstruktur ersichtlich, handelt es sich um eine spiegelsymmetrische Zwölftonreihe, die in der Mitte ein Tritonusintervall aufweist. Außerdem entsteht zwischen dem ersten und letzten, zweiten und vorletzten etc. Ton jeweils das Tritonusintervall. Seine zentrale Bedeutung beruht vor allem darauf, daß *der Tritonus* [für Zimmermann] *das uncharakteristischste Intervall überhaupt ist und außerdem die genau akustische Mitte der Oktave darstellt.* [8] Auch in *Tempus loquendi...* wird er zu einem wesentlichen Struktur- und Bedeutungsträger. So erscheint das Tritonusintervall zu Beginn der Komposition zwischen dem ersten und zweiten Abschnitt (*a* - *es* beziehungsweise ♯ *d*); auch entsteht er zwischen dem ersten und dem letzten Ton der gesamten Komposition: wiederum *a* - *es*. Die Struktur des folgenden

----

6) *I.u.Z.* S. 71
7) *I.u.Z.* S. 71
8) *I.u.Z.* S. 58, vgl. auch die entsprechenden Teile der Arbeit von I. Brockmann in diesem Band

Spielfeldes des X. Teils wird ebenfalls vom Tritonus geprägt:

Auf die Zwölftonreihe von *es* (vgl. S. 73) bezogen, hat der Komponist in diesem Ausschnitt die ersten vier und die letzten vier Töne der Reihe verwendet, so daß sich die Tritonusspannung mehrfach direkt oder indirekt ergibt: 1 - 12, 2 - 11, 3 - 10, 4 - 9.

Die Verwendung einer symmetrischen Zwölftonreihe geht zweifellos auf Anton Webern zurück, der bevorzugt symmetrische, in der Mitte durch den Tritonus gekennzeichnete Zwölftonreihen verarbeitete. So lautet zum Beispiel die in seiner *Symphonie op. 21* verwendete Reihe:

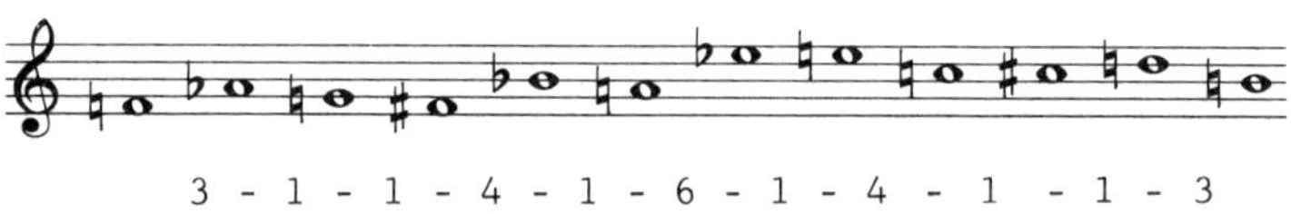

Auch hier bildet sich zwischen erstem und letztem, zweitem und vorletztem Ton und so weiter das Tritonusintervall. Insgesamt wird damit Zimmermanns Anlehnung an Webern offensichtlich.

Nun zu einer weiteren Eigenschaft, die die von Zimmermann verwendete Zwölftonreihe charakterisiert: sie läßt sich als zusammengesetzt aus vier Dreitongruppen beschreiben, die jeweils aus der kleineren beziehungsweise der größeren Erscheinungsform eines Intervalls bestehen. Der mittlere Ton der Dreitongruppen wird dabei von den beiden anderen einmal im Abstand einer kleinen und einer großen Sekunde, und zum anderen im Abstand einer kleinen und großen Terz umklammert:

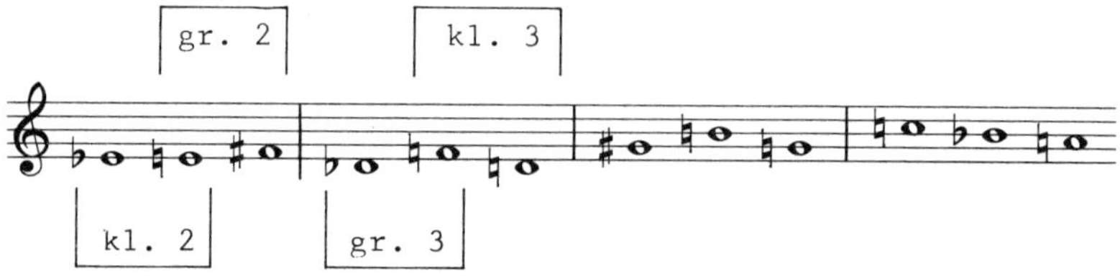

REIHENTAFEL

Außerdem kann man diese Reihe in zwei gleich strukturierte Sechstonhälften teilen, wobei die zweite Hälfte dem um einen Tritonus transponierten Krebs entspricht. Das bedeutet überhaupt, daß die Tritonustransposition der Grundreihe mit dem Krebs identisch ist, so daß auf den Begriff *Krebs* ganz verzichtet werden kann. Insgesamt sind deshalb nur 24 statt 48 verschiedene Reihenformen möglich.

Was nun konkret die Verarbeitung der Reihen betrifft, so werden verschiedene Reihenteile in der Regel bei solchen Tönen zusammengefügt, die beiden Reihen zugehören, zum Beispiel in Nr. V, folgendes Spielfeld:

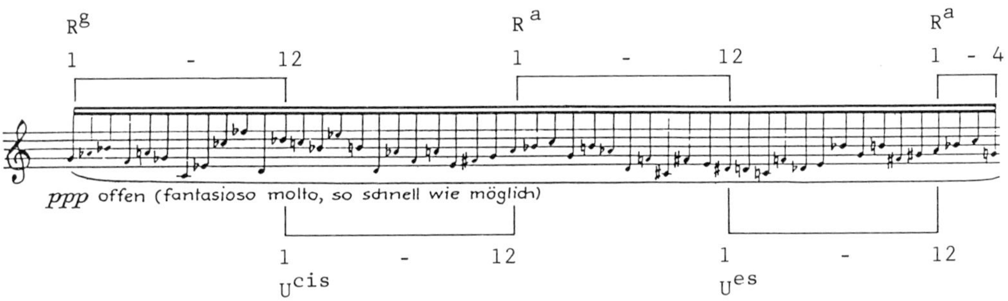

Doch Zimmermann hält sich keineswegs dogmatisch an den vorgegebenen Reihenablauf. Zu diesen unorthodoxen Methoden zählen beispielsweise die Aussparung oder das Vertauschen einzelner Töne, sowie die mehrmalige Repetierung und Permutation einer Tonhöhe. Hierzu ein weiteres Beispiel aus Abschnitt V:

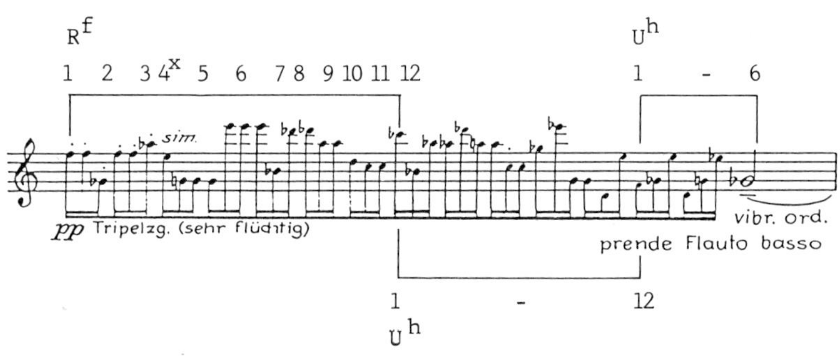

(x: wahrscheinlich ein Druckfehler, da eigentlich der hier fehlende 4. Ton der Grundreihe auf *f* ein *es* ist, das heißt das Vorzeichen fehlt.)

Es finden sich in der Komposition jedoch auch Passagen, die sich nicht ohne weiteres auf einen Reihenablauf zurückführen lassen. Dies ist in Nr. III und vor allem Nr. VII der Fall. In letztgenanntem Abschnitt lassen sich lediglich die verschiedensten Dreitongruppen herstellen, die bei der Zuordnung zu einer bestimmten Reihe jedoch eine Vielzahl von Möglichkeiten zulassen. Hinweise für eine systematische Festlegung der Oktavlagen finden sich nicht. Trotzdem weist der Komponist in manchen Abschnitten, zum Beispiel in Nr. IV oder VII den Tönen eine bestimmte Oktavlage zu. So erscheinen die zwölf verschiedenen Tonhöhen von Teil IV in folgender Lage:

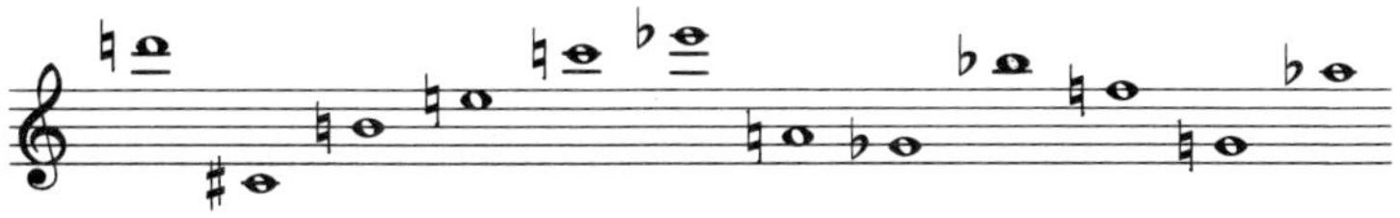

Durch die Ausnützung aller Registerlagen erhält jeder Ton eine eigene Klangfarbe, die ihn von seinen Nachbartönen unterscheidet. Die Kombination der Töne ergibt also andeutungsweise eine Schichtung verschiedener klanglicher Ebenen, was durchaus als Ansatz zu Zimmermanns pluralistischer Kompositionsmethode gewertet werden kann.

Den Gedanken, *alles aus einer einheitlichen Grundidee, aus einer einzigen Keimzelle* [zu] *entwickeln* [9], versuchte Zimmermann zu realisieren, indem er *aus einer für ein ganzes Werk* [...] *verbindlichen Tonhöhenkonstellation (meistens einer Allintervallreihe) ein Proportionsgefüge von verschiedenen Zeitschichten abgeleitet* [hat], die [...] *in ihrer effektiven Zeitdauer auf das strengste mit der erwähnten Tonhöhenkonstellation verbunden sind.* [10] Diese Idee der Zuordnung von Intervall- und Tempoverhältnissen ist seit der seriellen Musik *etwas durchaus Geläufiges* [11] und geht auf Karlheinz Stockhausen zurück. In seinem 1956 erschienenen Artikel *...wie die Zeit vergeht...* beschäftigt sich Stockhausen mit dem Verhältnis von Intervall und Zeit. Er leitet von bestimmten Intervallproportionen Ordnungsverhältnisse für die Zeit ab und gelangt dabei zu einer chromatisch temperierten Temposkala, deren Werte sich jeweils um den Betrag eines temperierten Halbtons ($=\sqrt[12]{2}$) unterscheiden.

----

9) *I.u.Z.* S. 77
10) *I.u.Z.* S. 35
11) *I.u.Z.* S. 28

Zimmermann macht in seiner Oper *Die Soldaten* von dieser Methode Gebrauch und ordnet jedem Ton der Zwölftonreihe eine Tempoangabe zwischen MM 60 und MM 114 zu [12]:

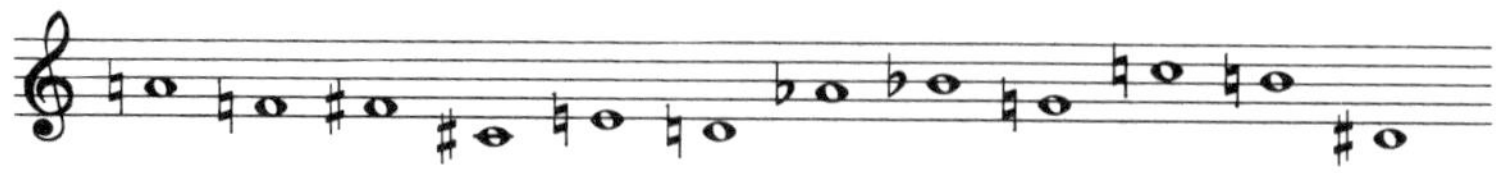

MM: 95 76 80 60 72 64 90 101 85 114 107 67

Grundlage dafür ist folgende chromatische Temposkala, die sich durch jeweilige Multiplikation der Metronomwerte mit der

$\sqrt[12]{2}$ = 1,05947 errechnet, also

60 x 1,05947 = 63,56 ($\approx$64)^{x}

63,56 x 1,05947 = 67,33 ($\approx$67) usw.

(x Zimmermann verwendet gerundete Werte.)

MM: 60 64 67 72 76 80 85 90 95 101 107 114

Zimmermanns Vermerk zu Beginn von *Tempus loquendi... 'die Metronomzahlen stellen logarithmische Werte dar'* [13], läßt ein ähnliches System vermuten. Der Komponist geht bei der Flötenkomposition jedoch nicht von einer halbtönigen chromatischen Skala aus, das heißt er überträgt die Maßeinheit eines Vierteltons (50 Cent = 1,02931) auf die Temposkala, sodaß eine logarithmisch ansteigende Folge von Metronomwerten entsteht. Ausgangspunkt der Berechnungen ist wieder das Anfangstempo MM = 60, das heißt die Rechenoperationen lauten: 60 x 1,02931 = 61,7 usw.

MM: 60 61,7 63,5 65,4 67,3 69,3 71,3 73,4 75,6 77,8 80 82,4

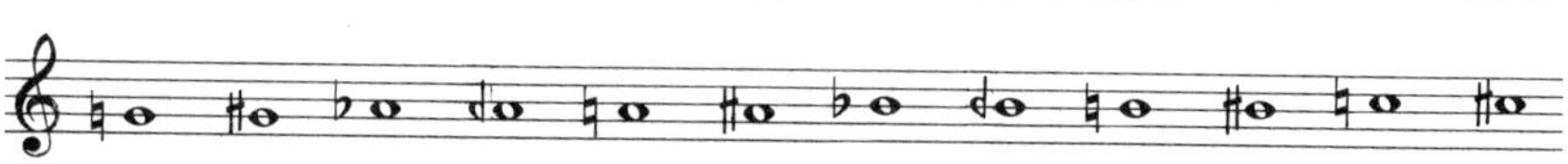

84,8 87,3 89,8 92,5 95,2 98 101 103,8 106,9 110 113,2 116,6

12) Heinz Josef Herbort: B.A. Zimmermann - *Die Soldaten* in: 'Musik und Bildung' 11, 1971, S. 545

13) B.A. Zimmermann: *Tempus loquendi...* für Flöte solo, Edition Schott 5395, S. 1

Von diesen Werten verwendet Zimmermann lediglich die durch Unterstreichung markierten Tempi.

Ordnet man nun die Tempoangaben und die dazugehörigen Tonhöhen in der Reihenfolge, wie sie in der Komposition vorkommen, dann entsteht folgendes Bild:

Nummer I II III IV V VI VII VIII

Tonhöhe

Tempoangabe 95,2 | 130,8 ≙ 65,4 | ≙ 101 | 82,4 65,4 | 82,4 | 113,2 | 61,7 84,8 | 69,3

Nummer IX X XI XII XI Coda

Tonhöhe

Tempoangabe 106,9 | 73,4 | 89,8 116,6 87,3 | 63,5 | 75,6 60 69,3 | 76,6

Nur die Metronomzahl der Coda fällt aus dem Rahmen der chromatischen Skala: für ♯ *f* wird statt 77,8 der Wert 76,6 angegeben. Notiert man die Tonhöhen in ein Notensystem, dann ergibt sich eine 17-tönige Reihe (abgekürzt: R^{17}):

R^{17}

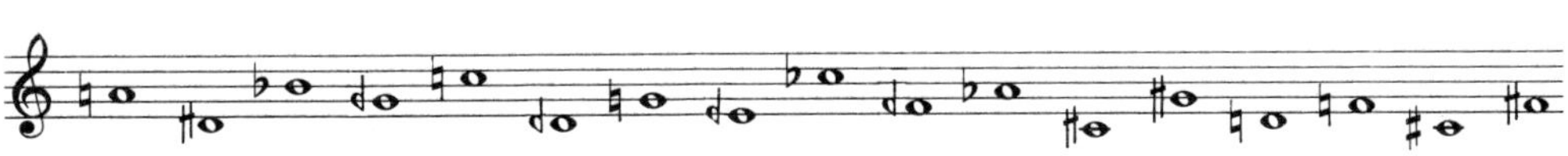

1 2 3 4 5 6 7 8 9 10 11 12 13 14 15 16 17

Der Beweis dafür, daß Zimmermann von dieser Tonreihe ausgeht und mit ihr arbeitet, findet sich bezeichnenderweise in der Mitte beziehungsweise im Zentrum der Komposition, nämlich in Abschnitt VII. Am Ende dieses Teils erscheint (bis auf den letzten Ton ♯*f*) die oben dargestellte Tonreihe vollständig (vgl. Anhang S. 105).

Betrachtet man nun die Struktur dieser Reihe, dann läßt sich folgende Beobachtung machen. Notiert man, ohne Rücksicht auf die Vierteltöne, nur die Halbtöne, dann entsteht diese Tonfolge:

a)

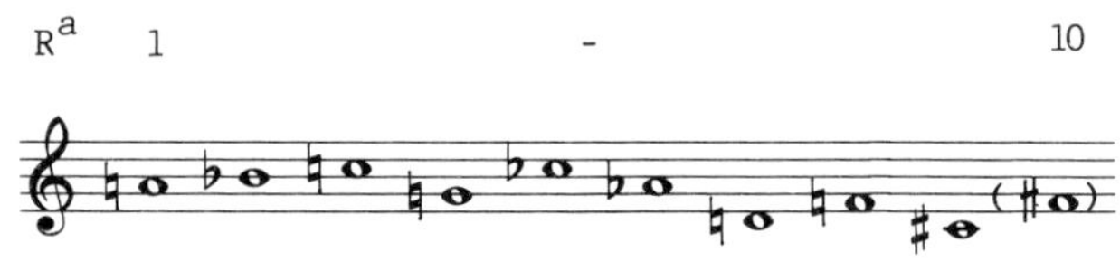

Sie ist mit den ersten zehn Tönen der Grundreihe auf *a* identisch. Die Anordnung der Vierteltöne ergibt eine Intervallstruktur, die mit der der Zwölftonreihe eng verwandt ist:

b)

Zimmermann überlagert zwei von der Intervallstruktur miteinander verwandte Tonfolgen, indem er anfangs immer einen Halbton des Abschnittes a mit einem Viertelton des Abschnittes b abwechselt, sodaß eine enge Verzahnung entsteht.

Direkt verarbeitet wird R[17] vor allem in den Abschnitten IX und X. So läßt sich auch folgendes Spielfeld der Nr. IX auf diese Tonfolge zurückführen:

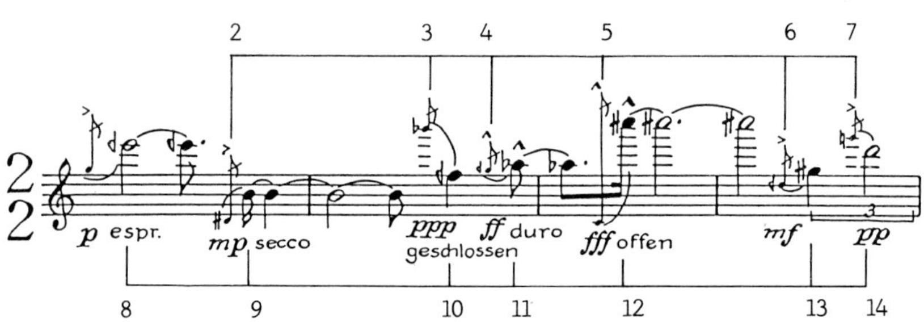

Die als Vorschlagsnoten notierten Töne ergeben der Reihenfolge nach die Ordnungszahlen 2 - 7, während die Hauptnoten den Zahlen 8 - 14 folgen. Untersucht man nun den Abschnitt davor, die Nr. VIII, dann zeigt sich, daß sich hier der Tonvorrat für die sieben Spielfelder aus den Tönen 1 bis 7 der ermittelten 17-tönigen Reihe erschließt, also derjenigen Töne, die im eben beschriebenen Ausschnitt von Nr. IX als Vorschläge notiert sind. Anders formuliert bedeutet dies: das Spielfeld IX stellt, mit Blick auf die als Hauptnoten geschriebenen Töne, die Fortsetzung des in Nr. VIII begonnenen Reihenablaufs dar. Ein ähnliches Verfahren der Tonanordnung findet sich in einem weiteren Spielfeld des Abschnittes IX:

Weitere Einzelheiten sind der Analyse im Notenanhang zu entnehmen.

Aus dem Zusammenhang von Tonhöhen und Metronomzahlen ergibt sich ein weiterer Aspekt: Jedem Ton der von Zimmermann verwendeten Zwölftonreihe läßt sich eine Metronomzahl zuordnen. Setzt man nun diese Werte ihrer Reihenfolge nach jeweils zueinander in Beziehung, so erhält man das gleiche Ergebnis, das sich noch aus den akustischen Verhältniszahlen der jeweiligen Intervalle ergibt:

MM: 67,3 71,3 80 60 75,6 63,5 89,8 106,9 84,8 113,2 101 95,2

24:25 8:9 4:3 4:5 6:5 45:64 5:6 5:4 3:4 9:8 25:24

≙ ≙ ≙ ≙ ≙ ≙ ≙ ≙ ≙ ≙ ≙

0,94 0,89 1,33 0,8 1,19 0,71 0,84 1,26 0,75 1,12 1,06

(x ideale Schwingungsverhältnisse, hier der Temperatur angeglichen)

Eine serielle Durchstrukturierung des zur Verfügung stehenden Tonmaterials erfordert eine systematische Ordnung aller Parameter, also auch der *Tondauern*. Die vollständige Aufschlüsselung eines solchen Systems ist jedoch nur mit Hilfe von Skizzen und Aufzeichnungen des Komponisten möglich, aus denen die Gesamtkonzeption und die Gestaltung der einzelnen Parameter hervorgeht. In zahlreichen Abschnitten der Komposition geht Zimmermann von jeweils sieben verschiedenen Dauerntönen aus, was sich am zweiten Teil des Abschnittes IV nachweisen läßt:

Hier ist gleichzeitig mit jedem Wechsel der Tonhöhe eine Änderung der Tondauer verbunden. Ordnet man letztere nach ihrer Länge, dann entsteht folgendes Bild:

Dauern	𝅘𝅥𝅯	𝅘𝅥𝅮	𝅘𝅥𝅮.	𝅘𝅥	𝅗𝅥	𝅗𝅥.	𝅝
Anzahl der 𝅘𝅥𝅯	1	2	3	4	8	12	16
Formel	x - 3	x - 2	x - 1	x	x · 2	x · 3	x · 4

a (x - 3 bis x)   b (x bis x · 4)

Aus dieser Tabelle geht hervor, daß die Längen der Tondauern nach zwei verschiedenen Prinzipien berechnet sind: die ersten vier Notenwerte (=a) ergeben sich aus der Formel x - n, die letzten vier (=b) aus der Formel x · n. Dabei ist x als konstante Größe definiert, die in diesem Beispiel der Zahl vier entspricht, während n eine variable Größe darstellt, deren Zahlenmenge sich aus der Folge 1-2-3-4 erschließt. Die oben stehende Dauernfolge kann jedoch noch unter einem anderen Aspekt betrachtet werden: die Anordnung der ersten vier Notenwerte entsteht durch stetige Addition des kleinsten Grundwertes, nämlich eines Sechzehntels:

a)

Kleinster Wert der letzten vier Dauern ist dagegen ein Viertel, durch dessen stetige Addition sich ebenfalls eine kontinuierliche Fortschreitung ergibt:

b)

Die von Zimmermann in diesem Beispiel verwendete Folge von Dauernwerten stellt also eine Kombination von zwei verschiedenen Progressionsreihen a und b dar. Das gleiche gilt für das 2. Spielfeld (von Oben) der Nr. X:

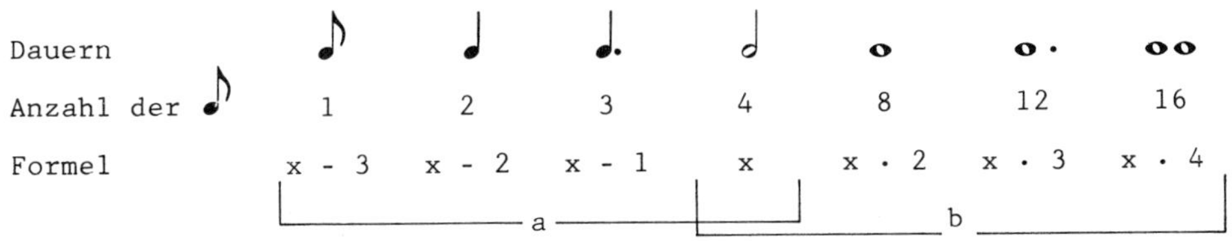

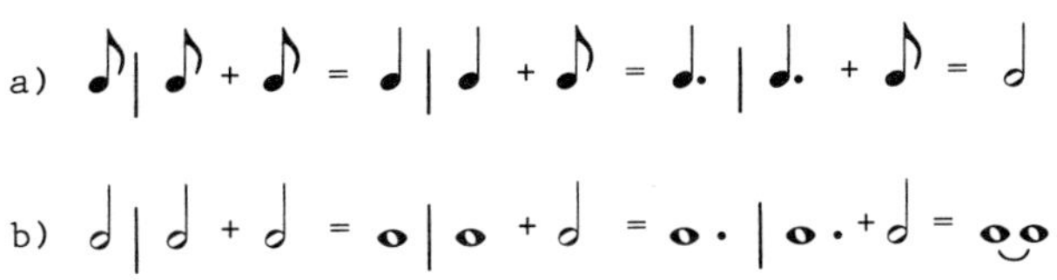

Hier ist der kleinste Notenwert einmal ein Achtel, und das andere Mal eine Halbe.

Untersucht man nun den Abschnitt VII hinsichtlich der verwendeten Dauernwerte, und ordnet diese wiederum nach ihrer jeweiligen Länge, dann entsteht folgende Reihe:

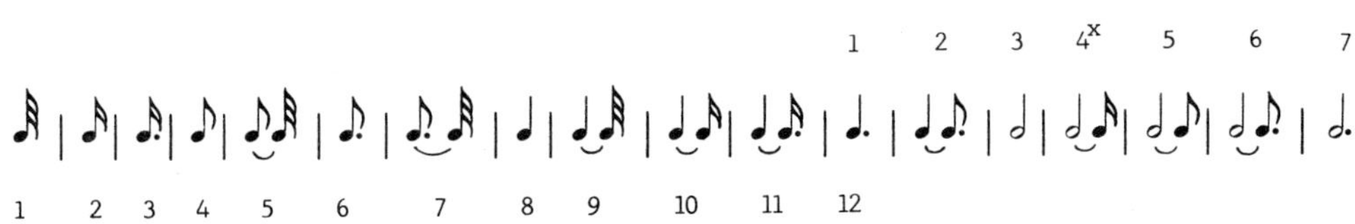

(x Dieser Wert wird ausgelassen.)

Die ersten zwölf Tondauern werden hier aus der Addition eines Zweiunddreißigstels, und die folgenden Werte aus der Addition eines Sechzehntels gewonnen. Dieses Verfahren zur Gewinnung von Dauernwerten geht ohne Frage auf Olivier Messiaen zurück, der diese Methode in seiner Komposition *Mode de valeurs et d'intensité* für Klavier (1949) verwendete.

In Abschnitt II treten folgende Notenwerte auf:

Auch in der Coda werden sieben verschiedene Dauern verwendet (dieselben Werte befinden sich in Nr. VIII):

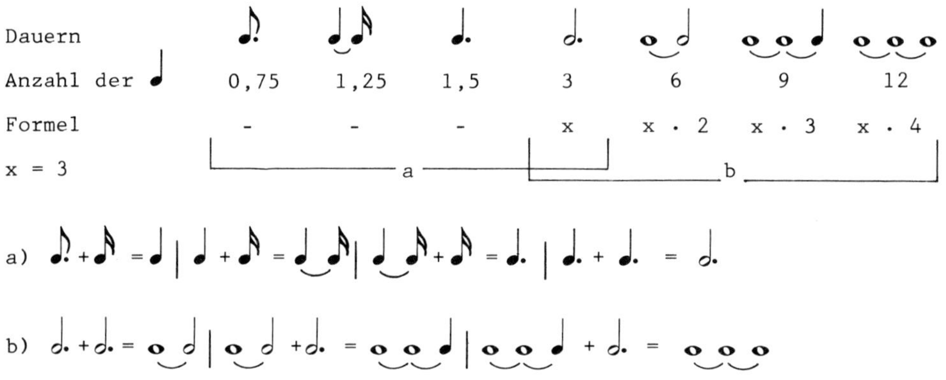

Die bisher ermittelten Einzelergebnisse deuten alle daraufhin, daß Zimmermann zur Organisation der Dauernwerte Progressionsreihen mit verschiedenen Augmentations-, beziehungsweise Diminutionsfaktoren verwendet hat, zum Beispiel:

Neben dieser einfachen Verdopplung oder Halbierung der Werte können natürlich auch Vergrößerungen oder Verkleinerungen mit dazwischen liegenden Koeffizienten vorgenommen werden, etwa der Verlängerung der Werte um eine . Solche Verfahren zur Permutierung rhythmischer Reihen lassen sich jedoch aus der Retrospektive, ohne Kenntnis der Aufzeichnungen des Komponisten, nicht schlüssig klären.

Bei der Strukturierung der *Dynamik* geht Zimmermann von einer siebenstufigen Skala aus:

ppp - pp - p - mp - mf - ff - fff

Bemerkenswert ist in diesem Zusammenhang, daß - mit wenigen Ausnahmen - das einfache *forte* ausgespart wird. Im letzten Teil des Abschnittes XI, der mit *cantabile* überschrieben ist, erscheinen die sieben verschiedenen Abstufungen in folgender Reihenfolge:

ppp - mf - p - fff - pp - mp - ff

Da sich in der Coda die gleiche Anordnung findet, wobei statt dreifachem ein zweifaches *forte*, und statt einem zweifachen ein einfaches *forte* verwendet wird, könnte man diese Folge als Ausgangspunkt oder gewissermaßen als Grundreihe betrachten:

ppp - mf - p - fff - pp - mp - ff
1 2 3 4 5 6 7

Auffällig ist hierbei die auf Kontrast angelegte Reihenfolge. Untersucht man nun diejenigen drei Spielfelder des Abschnittes X, die ebenfalls die siebenstufige Dynamikskala enthalten, dann zeigen sich deutliche Parallelen zur Grundreihe:

a) 2. Spielfeld von oben:

p - mf - ppp - ff - mp - pp - fff
3 2 1 7 6 5 4
←——— ←———

b) 3. Spielfeld von oben:

pp - fff - p - mf - ppp - ff - mp
5 4 3 2 1 7 6
←——— ←———

c) vorletztes Spielfeld von oben:

mf - p - fff - pp - mp - ff - ppp
2 3 4 5 6 7 1
———→ ———→

Diese Dynamikreihen sind eindeutig auf die obenstehende Grundreihe zu beziehen, das heißt es liegen drei Ableitungen vor.

Dagegen findet sich in der zweiten Zeile des Abschnittes IV eine Anordnung der Dynamikstufen, die nur schwerlich in Verbindung mit der als *Grundreihe* bezeichneten Reihenfolge gebracht werden kann:

mp - fff - ppp - p - pp - ff - mf

Hier sind einander benachbarte Lautstärkegrade symmetrisch um das *piano* angeordnet.

Eine ähnliche Feststellung läßt sich im untersten Spielfeld des Abschnittes IX treffen:

ff - p - pp - fff - ppp - mp - mf

In der Gegenüberstellung dieser beiden letztgenannten Dynamikreihen sind weitere Zusammenhänge erkennbar:

Nr. IV: mp - fff - ppp - p - pp - ff - mf

Nr. IX: ff - p - pp - fff - ppp - mp - mf

In Abschnitt VII läßt sich keine systematische reihenmäßige Verwendung der Dynamikabstufungen erkennen. Doch gerade in diesem Teil wird, was die Tongestaltung und Dynamik angeht, die höchste Stufe der Ausdrucksfähigkeit und Differenzierung erreicht: nahezu jede Note ist mit einer Dynamikvorschrift versehen.

Auffällig häufig treten hier in sich symmetrische Dreiergruppierungen auf, die im Gesamtverlauf wiederum eine angedeutete Symmetrie ergeben. Betrachtet man unter diesem Aspekt die erste Zeile von VII, dann zeigt sich folgendes Bild:

fff mf ff fff pp p pp ff mf ff ppp ff p fff p ff mp ppp mf ff pp

Das Prinzip der Symmetrie *kennzeichnet* [Zimmermanns Stil] *bis in seine späten Schaffensjahre* [14]. Er verwendet diese Gestaltungsart sowohl als strukturbildendes, als auch als formbildendes Mittel. Damit knüpft Zimmermann an Anton Webern an, der zum Beispiel im 2. Satz seiner Symphonie op. 21 sämtliche musikalischen Dimensionen nach den Gesetzen der Symmetrie geordnet hat. Auch in *Tempus loquendi...* finden sich Anhaltspunkte für eine ähnliche Arbeitsweise. Wie schon im vorhergehenden Abschnitt angedeutet, spielt das Symmetrieprinzip bei der Anordnung der Lautstärkegrade eine wichtige Rolle, was am Beispiel der ersten Zeile des Abschnittes IV gezeigt werden soll:

----

14) Andreas von Imhoff: *Untersuchungen zum Klavierwerk B.A. Zimmermanns*, Kölner Beiträge zur Musikforschung, Bosse-Verlag Regensburg 1976, S. 131

p pp pp
mf mf mf
mp pp p ppp
fff fff
ppp mp ppp mp
ff ppp ff

Der Symmetrie- und Spiegelungsgedanke kommt aber vor allem in Abschnitt III zum Tragen. Notiert man die Tonhöhen der mittleren Ebene in einer durchgehenden Reihenfolge, so stellt man fest, daß bestimmte Tonfolgen immer wiederkehren, so daß sich zahlreiche Entsprechungen und Symmetrien ergeben. So findet sich eine erste Gruppierung a von Beginn bis Anfang der mittleren Ebene:

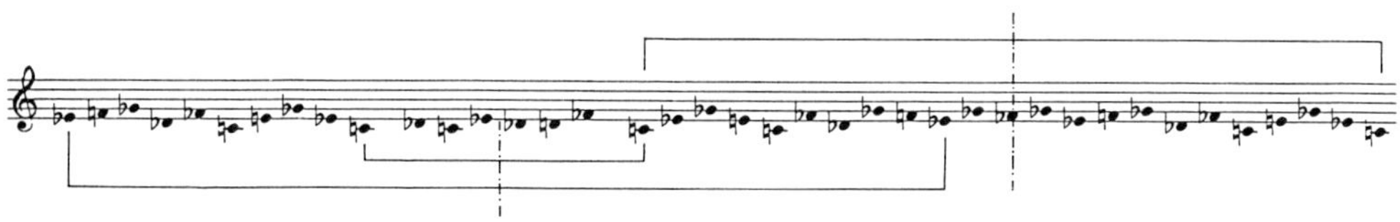

Hier wird also die Tonfolge 

an zwei verschiedenen vertikalen Symmetrieachsen gespiegelt, und zwar spiegelsymmetrisch, so daß sich die Konstellation Grundform-Krebs-Grundform ergibt.

Im weiteren Verlauf von Abschnitt III läßt sich eine komplexere Symmetriebildung feststellen: hier überlappen sich mehrere Symmetrien (s. Abb. S.87). Ergänzend sei an dieser Stelle hinzugefügt, daß im ersten Ausschnitt a) der Tonraum des Tritonusintervalls c - ges, und im Abschnitt b) das um einen Ganzton nach oben verschobene Tritonusintervall d - as chromatisch ausgefüllt wird. Es handelt sich dabei also um eine begrenzte Anzahl von Tönen, die in einer Art Drehfiguren angeordnet sind und beständig in sich beziehungsweise um sich selbst kreisen.

Das Prinzip der *Collage*, das ein wesentliches Charakteristikum für Zimmermanns Kompositionsstil ist, läßt sich auch (zumindest ansatzweise) in *Tempus loquendi*... nachweisen. Definiert man *Collage* grundsätzlich als ein gleichzeitiges Übereinanderlagern von heterogenen Schichten, so handelt es sich bei der Flötensonate um eine Collage verschiedener Klang- und Zeitschichten, was am Beispiel der Abschnitte III und VIII (*rappresentazione*) am deutlichsten wird.

Im III. Abschnitt konstituiert Zimmermann drei Klang- und Zeitebenen (vgl. Anhang S. 101), die zum einen dem Bereich des traditionellen Blasens

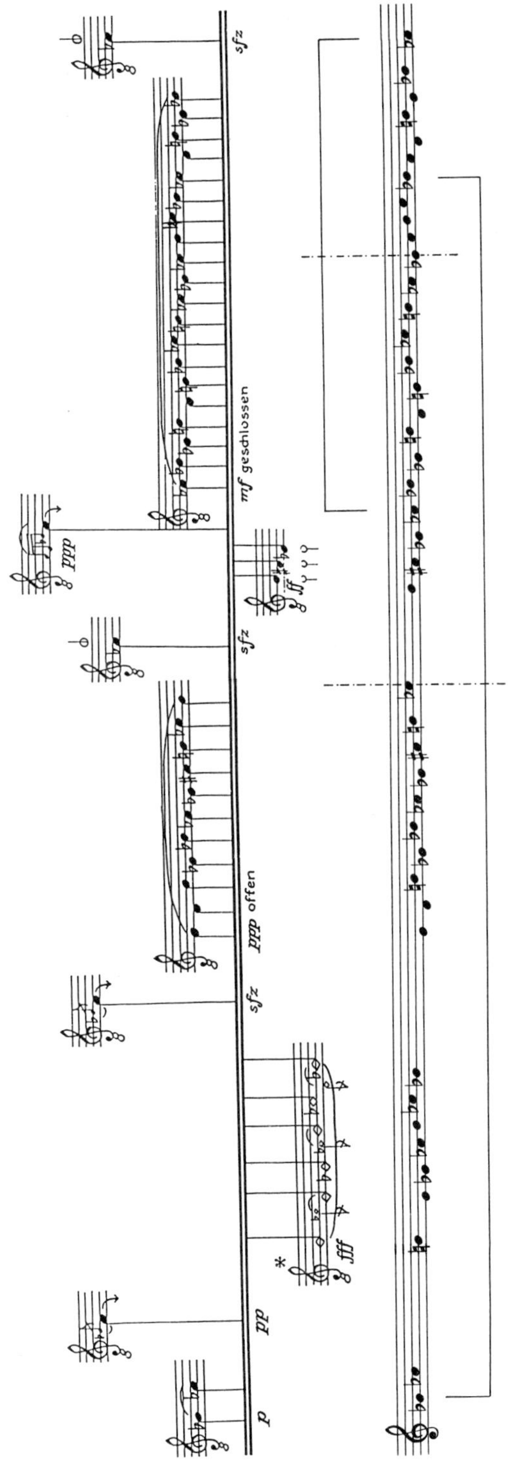
p
pp
fff
sfz
ppp offen
sfz
ff
ppp
mf geschlossen
sfz

(mittleres System), zum anderen dem Bereich besonderer Artikulationsformen (♩ = *quasi pizzicato* durch Zungenstoß) und letztlich dem Bereich rein perkussiver Techniken (♀ = Klappe ohne Luft) zuzuordnen sind.

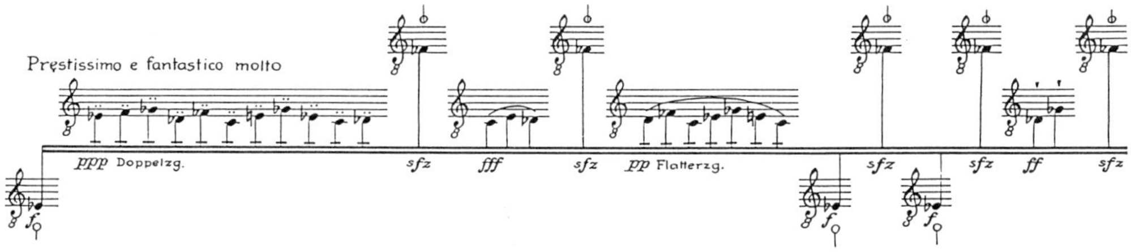

Zur rein optischen Verdeutlichung der verschiedenen Schichten notiert Zimmermann in der Art einer Partitur. Darüber hinaus versieht er jede Ebene für sich mit speziellen Dynamikbezeichnungen; so verläuft die untere, die sich in der Tonhöhe nur auf das *es* beschränkt, im *forte*, während in der oberen die Pzzicato-Effekte jeweils mit *sforzati* gekoppelt sind. Die mittlere hebt sich durch einen Wechsel der Spieltechniken (Doppelzunge, Flatterzunge, Tripelzunge, Legato), sowie durch eine kontrastreiche Dynamik (ppp - fff - pp - ff - mf - p) von den anderen beiden Schichten ab. Grundsätzlich kommt es Zimmermann dabei wohl weniger auf Übergänge zwischen den Klangfarben beziehungsweise in der Dynamik an, sondern er will im Gegenteil eher Akzente setzen und Kontraste schaffen, um so die Mehrschichtigkeit der musikalischen Abläufe zu verdeutlichen.

In der Sonate für Violoncello solo[15] lassen sich hinsichtlich einer Ebenenstruktur ähnliche Beobachtungen machen. So findet sich im 6. Spielfeld des ersten Satzes a) *Rappresentazione* und im 4. Spielfeld des 3. Satzes b) *tropi*, ebenfalls die Aufteilung in drei Schichten, was unter anderem als Beleg für die enge Verwandtschaft von Flöten- und Cellosonate zu werten ist. Schon die Tempo- beziehungsweise Satzbezeichnungen der zu vergleichenden Abschnitte sind nahezu identisch:

Flöte : 3. Abschnitt: *Prestissimo e fantastico molto*
Violoncello: 1. Satz, 6. Spielfeld: *Prestissimo possibile fantastico molto*
Violoncello: 3. Satz, 4. Spielfeld: *Prestissimo possibile ma fantasieso molto*

----

15) B.A. Zimmermann: *Sonate für Cello solo*, Edition modern

Sonate für Violoncello solo

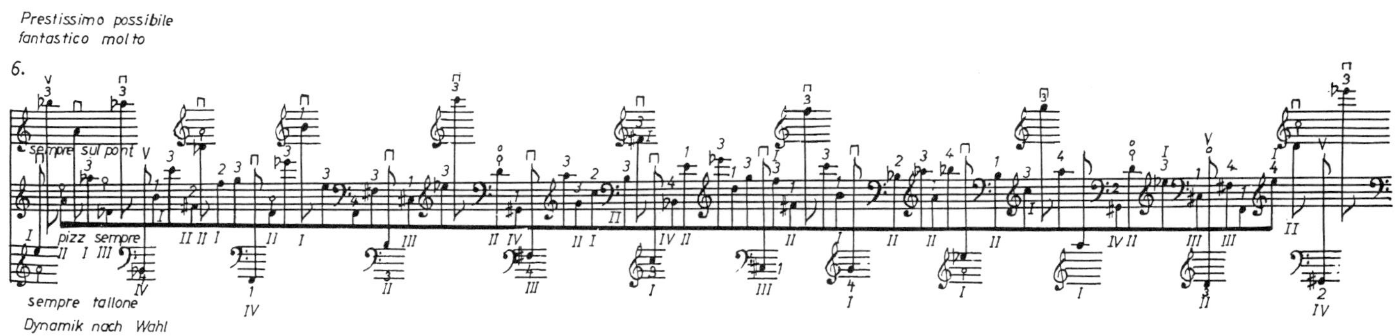

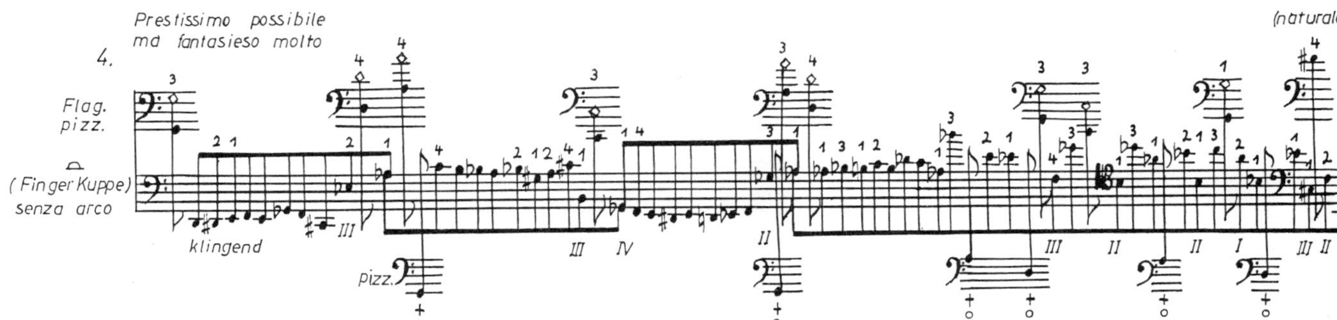

Im XIII. Abschnitt von *Tempus loquendi...*, einer *rappresentazione*, verlaufen die musikalischen Ereignisse ebenfalls in verschiedenen Ebenen; doch zunächst sei kurz der Begriff der *rappresentazione* erläutert: *Rappresentare* heißt wörtlich *vorstellen, vor Augen legen* und im übertragenen Sinn auch *vortragen, berichten*. In der Sonate für Cello-solo ist der 1. Satz mit *rappresentazione* überschrieben, wobei hier der Begriff für die Bedeutung des Vorstellens beziehungsweise Umreißens des musikalischen Materials steht, das heißt dieser erste Satz hat *einen expositionsartigen Charakter* [16]. Dagegen erhält in der Flötensonate die *rappresentazione* mehr die Funktion einer Kadenz (*quasi Cadenza*), in der einzelne Strukturen aus dem Vorangegangenen aufgegriffen, zusammengefaßt und komprimiert werden, so daß die technischen und musikalischen Anforderungen ihre höchste Steigerung erfahren. In der gesamten Komposition läßt sich eine Entwicklung zu diesem XIII. Abschnitt ablesen, das heißt die technischen und musikalischen Ausdrucksmittel werden, angefangen bei der elementaren Funktion eines einzelnen Tones (Nr. I), von Abschnitt zu Abschnitt gesteigert und finden ihren Höhepunkt in dieser *rappresentazione*.

Was nun die Ebenenstruktur angeht, so nimmt Zimmermann auch hier eine Anordnung in drei Schichten vor. Die zunächst im unteren System notierte Schicht wird durch eine Trillerkette strukturiert, die der Grundreihe auf *a* folgt. Eine ähnliche Struktur weist Abschnitt VIII auf, das heißt Zimmermann greift auf diesen Abschnitt zurück - er zitiert sich quasi selbst - und kombiniert ihn mit neuen Strukturen, das heißt stellt diesen Abschnitt in eine neue Umgebung. Das collageähnliche Verfahren kommt also auch hier zur Anwendung. Die mittlere Ebene wird, ähnlich wie in Abschnitt III ge-

sehen, hauptsächlich von wechselnden Artikulationen bestimmt (staccato, Doppelzunge, Tripelzunge, Flatterzunge), wobei die Tonhöhe wiederum an die verschiedenen Transpositionsreihen und deren Umkehrungen gebunden sind,

----

16) *I.u.Z.* S. 68

so daß jeder Ton einer bestimmten Tonhöhenkonstellation zuzuordnen ist. (Diesbezügliche Einzelheiten sind dem Anhang S. 112 zu entnehmen). Die 3. Schicht stellt sich in der Partitur zunächst als eine Akkordschicht dar, deren Tonvorrat sich auch auf bestimmte Reihen zurückführen läßt. In der praktischen Ausführung werden jedoch diese harmonischen Bänder in Arpeggien aufgelöst, was aus der vom Komponisten beigefügten Spielanleitung hervorgeht.

Zimmermann weist den Interpreten darauf hin, *möglichst improvisatorisch (bei freier Wahl von Tempo, Dynamik und Dichte) und möglichst 'gleichzeitig' die drei Schichten der 'rappresentazione' auszuführen* [17]. Die Einschränkung, *so weit es geht*, deutet schon auf die enormen Schwierigkeiten dieses Abschnittes hin. Aufgabe des Interpreten bleibt es dabei, *möglichst viele verschiedene Spielarten und Lautstärken* [zu benutzen] [18] und die vom Komponisten vorgeschriebenen artikulationsmäßigen Nuancen genau zu beachten beziehungsweise teilweise auch zu übertreiben, denn erst durch eine gewisse Überzeichnung der Struktur wird diese für den Zuhörer auch verständlich und durchschaubar.

Im Verlauf der Analyse von *Tempus loquendi...* stößt man in den verschiedensten Zusammenhängen immer wieder auf die Zahl Sieben, und zwar so häufig, daß man von einer bestimmten Absicht des Komponisten ausgehen kann.

Gerade bei Zimmermann liegt es nahe, dahinter eine theologische Begründung zu vermuten, zumal der Zahl Sieben im christlichen Glauben ein wichtiger Symbolgehalt zukommt. Sie ist *Zeichen für die grenzenlose göttliche Barmherzigkeit (Matthäus 18, 21 f: siebzigmal siebenmal soll vergeben werden) und* [...] *Symbol für die Fülle göttlicher Weisheit (Offenbarung 1,4: die 'sieben Geister' Gottes).* [19] Vor allem aber steht die Zahl Sieben, ausgehend vom 1. Buch Mose, für die Schöpfermacht Gottes: *Und also vollendete Gott am siebenten Tag seine Werke, die er machte, und ruhte am siebenten Tage von allen seinen Werken, die er machte. Und Gott segnete den siebenten Tag und heiligte ihn.* (Mose 2, 2 - 3). Folglich ist die Sieben grundsätzlich eine heilige Zahl, die darüberhinaus auch als Zeichen für Ruhe gilt. *Tempus loquendi...* ist ein Werk *der Einsamkeit, der Stille!)* [20]

Die Zahl Sieben läßt sich aber auch als Summe von Drei + Vier darstellen, wobei die Drei und die Vier wiederum Symbolzahlen sind: die Drei symbolisiert die Dreieinigkeit Gottes, während die Vier die Zahl der Welt ist: vier Himmelsrichtungen, vier Elemente der Schöpfung (Feuer, Wasser, Luft, Erde), vier Temperamente beziehungsweise Charaktere. Die Zahl Sieben vereinigt in sich die göttliche Dreifaltigkeit und die Welt der Schöpfung

----

17) Zimmermann: *Tempus loquendi...* (s. Fußn. 13), S. 10
18) Zimmermann: *Spielanleitung zu 'Tempus loquendi...'*, Edition Schott 5413, S. 10
19) *Musik in Geschichte und Gegenwart* (MGG), Supplement, Spalte 1971
20) *I.u.Z.* S. 67

und wird damit zum Symbol der kosmischen Vollkommenheit, die sich unter anderem in den sieben Planeten, und davon abgeleitet, in den sieben Tonstufen der Tonleiter, sowie den sieben Künsten widerspiegelt. Im Bestreben, der oben beschriebenen Vollkommenheit gerecht zu werden, dürfte der Grund für die häufige Verwendung der Zahl Sieben, die im Folgenden kurz umrissen werden soll, zu suchen sein.

Die Komposition gliedert sich in 14 (= 2 x 7) Abschnitte, wobei *der Baßflöte sieben anvertraut* [21] sind. Die Zahl 14 ließe aber noch eine andere Interpretation zu. Sie entspricht der Quersumme des Namens *Bach* innerhalb des Alphabets. Inwieweit eine solche Deutung tatsächlich zutrifft, sei dahingestellt; immerhin sei damit auf eine Interpretationsmöglichkeit hingewiesen.

Bezeichnenderweise wird genau zur Hälfte der Komposition, also in Stück VII, zum ersten Mal die Altflöte eingesetzt. Die Abschnitte I, II VI, VIII, IX, X und XII (wiederum sieben!) bestehen jeweils aus sieben Partikeln beziehungsweise Bausteinen, die in eine vom Interpreten frei zu bestimmende Reihenfolge gebracht werden können. Innerhalb dieser einzelnen Spielfelder dominiert auch die Zahl Sieben, was am Beispiel des Abschnittes V, der zwar nur fünf Partikel aufweist, besonders gut demonstriert werden kann: in der Zahl der Töne, die jeweils vor der ausgehaltenen Note ges^{1} notiert sind, ist - mit einer Ausnahme - immer die Zahl Sieben enthalten. Geordnet nach der jeweiligen Anzahl ergibt sich folgendes Bild:

7 Töne; 28 = 4 x 7 Töne; 38 = (5 x 7) + 3 Ausnahme;
42 = 6 x 7 Töne; 49 = 7 x 7 Töne.

Ähnlich verhält es sich in den Abschnitten IX, X und XII, wo auch die meisten der sieben Einzelgruppierungen aus sieben Tönen, oder einem Vielfachen davon bestehen. In der Coda, mit der die Komposition schließt, läßt sich ebenfalls die Zahl Sieben nachweisen: es finden sich sieben verschiedene Tonhöhen, sieben verschiedene Dynamikabstufungen, sieben verschiedene Metrumangaben und sieben verschiedene Tondauern.

Betrachtet man nun noch die jeweiligen Dauernwerte in Nr. II, so lassen sich auch hier interessante Beobachtungen machen:

$$\underbrace{\frac{3}{32}\quad\frac{7}{32}\quad\frac{12}{32}}_{3}\quad + \quad\underbrace{\frac{7}{16}\quad\frac{14}{16}\quad\frac{21}{16}\quad\frac{28}{16}}_{4}\qquad \text{Faktor } 7$$

(die auf einem Ton durch Doppel- oder Tripelzunge zustande kommenden Tonrepetitionen werden zur vorliegenden Betrachtung zu einem Notenwert zuzusammengezogen.)

----

21) *I.u.Z.* S. 70

In der zweiten Hälfte dieser Dauernreihe ist die Sieben der bestimmende Faktor, so daß eine Progressionsreihe entsteht.

Im ersten Abschnitt, der Nr. I, wird der Faktor Vier für die Dauernreihe entscheidend:

Nr. I

$$\underbrace{\frac{2}{2}\quad\frac{2}{2}\quad\frac{3}{2}}_{3} \quad + \quad \underbrace{\frac{4}{2}\quad\frac{8}{2}\quad\frac{12}{2}\quad\frac{16}{2}}_{4} \qquad \text{Faktor 4}$$

während es beispielsweise in der Coda der Faktor 3 ist:

$$\text{Coda:}\quad \underbrace{\frac{3}{16}\quad\frac{5}{16}\quad\frac{6}{16}}_{3} \quad + \quad \underbrace{\frac{3}{4}\quad\frac{6}{4}\quad\frac{9}{4}\quad\frac{12}{4}}_{4} \qquad \text{Faktor 3}$$

Ein Blick auf den formalen Aufbau zeigt, unter Verzicht auf Satzbezeichnungen, eine Gliederung in dreizehn Abschnitte und eine abschließende kurze Coda, *die allerdings nicht ineinander übergehen* [22]. Die Pausen zwischen den einzelnen Stücken sind dabei in ihrer Länge genau definiert: sie *sollen ca. 5 sec. dauern: deutliche Trennung. Beim Wechsel der Instrumente nicht länger als maximal 7 sec.* [23] *Die Teile drei, vier, sieben, elf, sowie die Coda sind in der Ausführung und im Ablauf durch die Notation genauestens bestimmt; in den übrigen Teilen sind dem Spieler mehr oder weniger große Freiheiten gestattet, jedoch im Rahmen des genau Fixierten.* [24]

Die Idee der Reduktion der musikalischen Prozesse und der damit verbundenen Klangfarbenveränderung auf einem liegenden Ton, wie sie quasi in *Barform* im ersten Abschnitt erscheint (vgl. S. 99), spielt auch in jeweils variierter Form in den Stücken II, V, VI, VIII, XI und in der Coda eine entscheidende Rolle, wobei sich innerhalb dieser genannten Abschnitte eine stetige Weiterentwicklung ablesen läßt.

In Abschnitt II dominiert der Ton ♯*d*, der in den sieben Spielfeldern jeweils durch einen kurzen Vorschlag auf *es* eingeleitet wird. Jeder der fünf Partikel des V. Stückes endet mit dem unterschiedlich langen Zielton *ges* beziehungsweise *fis*, wobei die jeweils angeordneten schnellen Tonbewegungen, die verkleinert gedruckt sind, von ihrer Funktion her als Vorschläge betrachtet werden müssen und somit für die Grundstruktur von sekundärer Bedeutung sind. Mit Blick auf die Vorschläge stellt dieses Stück V

----

22) *I.u.Z.* S. 70
23) Zimmermann: *Spielanleitung* (s. Fußn. 18), Vorwort
24) *I.u.Z.* S. 70

folglich eine erweiterte Variante von Abschnitt II dar. Im Zentrum des VI. Abschnittes steht der Ton *e*, der das ganze Stück durchklingt und nur gelegentlich durch Vorschläge auf den Tonhöhen *b* und *f* unterbrochen, ansonsten durch verschiedene spieltechnische Momente klanglich verändert wird.

Jedes der sieben Spielfelder des Abschnittes VIII besteht wiederum nur aus einem liegenden Ton, der sich jedoch von Partikel zu Partikel ändert, so daß sich für dieses Stück insgesamt ein Tonvorrat von sieben Tönen ergibt.

In Abschnitt XI tritt der Gedanke des Einzeltons in abgewandelter Form auf: der bisher lang ausgehaltene Ton wird in kleinere Einheiten aufgelöst und mit einer rhythmischen Struktur überlagert. Auf diese Weise entstehen Tonrepetitionen auf *g*, die in gleichmäßiger Bewegung zunächst in Triolen und dann in Septolen gegen das Grundzeitmaß gestellt sind. Dagegen erscheinen am Ende dieses Stückes (s. Anhang S.109f.) in Form von halben und ganzen Noten wieder Einzeltöne mit wechselnder Tonhöhe. Ähnlich verhält es sich mit der Coda, die *das Werk in einer Art von weitgeschwungenem Abgesang* [25] beschließt. Verbindendes Element dieser aufgeführten Abschnitte ist also das Prinzip des liegenden Einzeltons, der von Stück zu Stück durch unterschiedliche spieltechnische Momente klanglich modifiziert wird.

Betrachtet man nun alle Abschnitte der Komposition in ihrer vorgegebenen Reihenfolge, so zeichnet sich von der ganzen Anlage her eine Steigerung beziehungsweise Entwicklung bis hin zu Abschnitt XIII ab. So finden sich in Nr. XII und XIII die komplexesten Klangstrukturen, die akustisch höchsten Töne und die maximale Lautstärke der gesamten Komposition. Außerdem läßt sich bis dorthin eine Zunahme der Impulsdichte feststellen, die der folgenden Skizze zu entnehmen ist. An Hand dieser Graphik zeigt sich, daß die Dichte, das heißt die Anzahl der Töne (Impulse) pro Sekunde, jeweils bis zu den Abschnitten IV, VII und XII - XIII zunimmt. In diesen Teilen wird auch die jeweils höchste Stufe der Differenziertheit und Expressivität erreicht. Nach den Teilen IV und VII läßt sich eine deutliche Zäsur im Aufbau erkennen, das heißt es findet von Abschnitt I - XIII keine kontinuierliche Entwicklung statt, sondern diese wird nach Abschnitt IV, VII und XIII unterbrochen beziehungsweise sogar zum Stillstand gebracht.Die bis zu diesen drei Abschnitten aufgebaute Spannung wird also in Nr. V, VIII und in der Coda zurückgenommen; an ihre Stelle tritt die Entspannung.

----

25) *I.u.Z.* S. 68

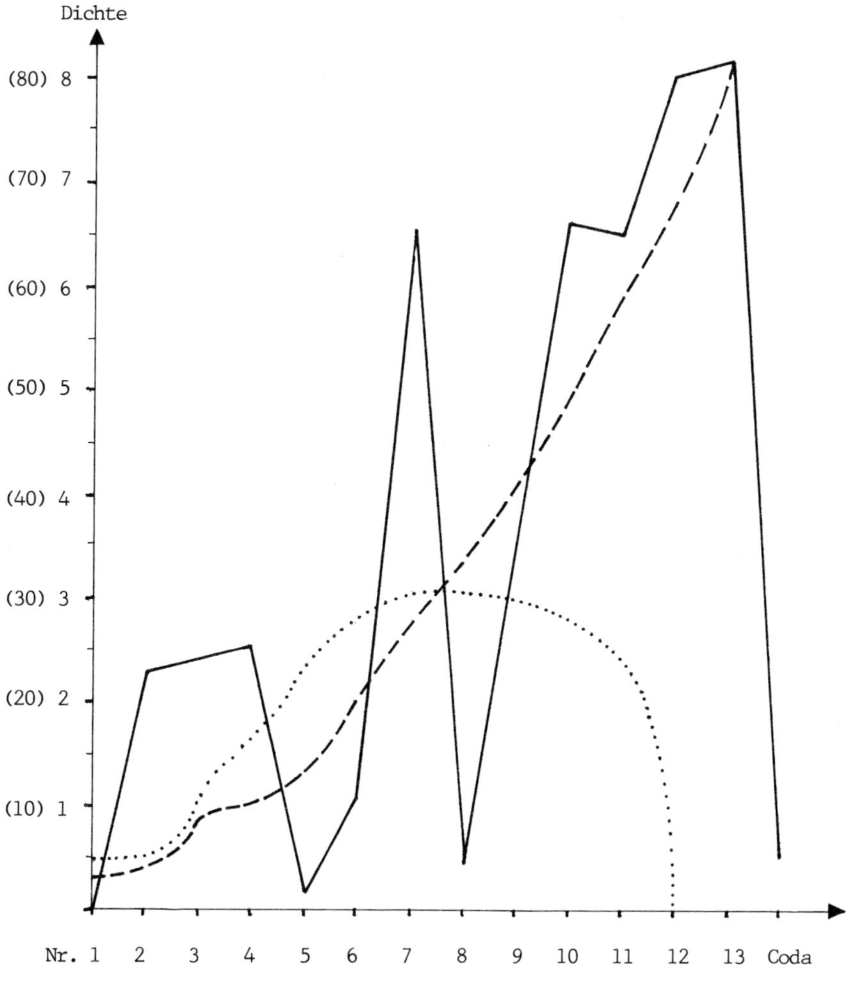

– – – – = Dichte = Impulse pro Sekunde

——— = Anzahl der im Bereich von mf bis fff verwendeten Dynamikvorschriften

········ = Anzahl der im Bereich von mp bis ppp verwendeten Dynamikvorschriften

Ursprünglich hatte Zimmermann schon bei seiner 1960 entstandenen *Sonate für Cello solo* eine aleatorische Organisation geplant, was die Unterteilung der fünf Sätze in eine Anzahl durchnummerierter Spielfelder beweist. Doch erst in der Flötensonate realisiert er diesen Plan, das heißt *Tempus loquendi...* zieht *formal aus der Cellosonate Konsequenzen*, doch nicht nur formal, *sondern* [sie erscheint] *in ihrer ganzen musikalischen Faktur als deren weiterentwickelte Übertragung* [26].

Pezzi ellittici - elliptische Stücke lautet der Untertitel der Flötenkomposition, der einigen Aufschluß über den Aufbau des Werkes gibt. Vergegenwärtigt sich man die geometrischen Eigenschaften einer Ellipse, die zwei Brennpunkte hat, so ließe sich folgender gedanklicher Zusammenhang zu Zimmermanns Komposition herstellen: Zwei gegensätzliche Prinzipien stehen sich *im Brennpunkt* gegenüber, das Prinzip der *offenen* und das der *geschlossenen Form*, wobei in der Verwendung der *offenen Form*, das heißt in der Einbeziehung des Zufalls in die Komposition, das Bestreben Zimmermanns zu sehen ist, *aus den Kreisformen, die das Serielle so oft bildet, herauszukommen* [27].

Aus diesen beiden dialektischen Gegenpositionen resultiert eine Spannung zwischen *Fixiertem (Aktionsstruktur) und Freiem (Erwartungsstruktur)* [28], die die ganze Komposition prägt.

In der Flötensonate finden sich insgesamt neun von vierzehn Abschnitten, die dem Spieler Freiheiten in der formalen Gestaltung einräumen. So sind die Reihenfolge in Nr. I, VI und VIII sowie die Wiederholungen der festgelegten Einzelgruppen in Nr. II und V beliebig, wobei in Nr. IX, X und XII die Wiederholung im Krebs erfolgen soll. Außerdem wird in Abschnitt XIII, der *quasi Cadenza*, die Wahl des Tempos, der Dynamik und Dichte freigestellt.

Der Partitur ist eine Spielanleitung beigegeben, in der drei untereinander gedruckte Versionen exemplarisch für die *vielen Möglichkeiten der Ausführung* [...], *über die der Solist verfügen kann* [29] von Zimmermann angeboten sind. Diese drei Möglichkeiten sollen dem Spieler als Anregung dienen, *aus dem in den Stücken vorgegebenen Material 'eigene' Versionen zu improvisieren* [29].

Bezeichnenderweise hat der Komponist das Wort *eigene* Versionen in Anführungszeichen gesetzt - ein erstes Indiz dafür, daß es sich nur um eine eingeschränkte Freiheit des Solisten handeln kann. Grundsätzlich sind die austauschbaren Einzelstrukturen der variablen Abschnitte, wie schon angedeutet, aus einer gemeinsamen Zelle entwickelt und somit lediglich Varianten voneinander. Untersucht man nun die von Zimmermann selbst entworfenen Versionen, zum Beispiel von Abschnitt VIII, in dem die Reihen-

----

26) Clemens Kühn: *Zu den Solosonaten B.A. Zimmermanns* in: *Musik und Bildung* 10, 1978 S. 643
27) *I.u.Z.* S. 71
28) Hans Vogt: *Neue Musik seit 1945* Reclam Stuttgart 1973, S. 113
29) Zimmermann: *Spielanleitung* (s. Fußn. 18), Vorwort

folge beliebig bestimmt werden kann, so läßt sich folgendes herauslesen:

Version a) entspricht etwa der Abfolge, die sich aus der Aneinanderreihung der Spielfelder von links nach rechts gelesen ergibt, während die zwei weiteren Versionen in der Reihenfolge VII-V-III-IV-I-VI-II und II-VI-I-IV-III-V-VII, also krebsgängig notiert sind. In Nr. II ist die Reihenfolge und die Wiederholung (*jedoch nicht unmittelbar hintereinander*) freigestellt. (Die folgende Betrachtung greift auf die von Diether de la Motte getroffenen Bezeichnungen zurück.) [30]

Es gibt zwei Arten schneller Figuren, nennen wir sie F_1 und F_2, sowie fünf Arten von kurzem Vorschlag mit unterschiedlich langem Zielton, nennen wir sie V_1 bis V_5. Hier die Analyse der drei gegebenen Versionen:

a) $V_1\ V_2\ F_1\ V_3\ F_2\ F_1\ F_2\ V_4\ V_3\ V_5\ V_4$

b) $V_3\ F_2\ V_3\ F_1\ V_2\ V_5\ V_4\ F_2\ F_1\ V_2\ V_3$

c) $V_4\ V_3\ V_5\ F_2\ V_1\ V_2\ F_1\ F_2\ V_2\ V_1\ V_5$

Auffallend ist die gleiche Anzahl von Elementen in allen drei Versionen, das heißt daß sie von der zeitlichen Dauer gleich lang sind. Außerdem überwiegt die Zahl der aus kurzem Vorschlag und unterschiedlich langer Zielnote bestehenden Segmente deutlich: das Verhältnis liegt bei 7 : 4, beziehungsweise 8 : 3.

Insgesamt läßt sich der Begriff *Improvisation* mit der Anmerkung Zimmermanns über das *quasi - improvisando - Spiel* in der Cellosonate definieren: *Diese Art von 'Improvisation' darf nicht verwechselt werden mit dem neuen Begriff dieses Wortes, der sich mit den Stücken jener Art verbindet, wo es dem Interpreten tatsächlich freigestellt ist, einen beliebigen, ihm spontan einfallenden Notentext zu spielen. Bei der genau notierten Improvisation hingegen handelt es sich* [...] *um die des Komponisten, wobei der Interpret sich gewissermaßen stellvertretend, bei der Wiedergabe wiederum in die Rolle des Komponisten versetzt.* [31]

Zimmermann, der immer am Begriff des *Kunstwerks* [32] festhielt und von der *Unwandelbarkeit und geradezu Unverwüstlichkeit kompositorischer Grundverfahren und Wesensverfassungen, die mutatis mutandis für alle Zeiten gelten* [33] ausging, trägt damit seiner Verantwortung als Komponist Rechnung. Folglich markiert die Flötensonate *auch in seinem Schaffen die für ihn äußerste Möglichkeit der Einbeziehung des Interpreten.* [34]

Nach Meinung Zimmermanns kann die Analyse eines Werkes und seiner Klanggestalt *lediglich Aufschluß über die Qualität ihrer materialen Bewältigung* [35]

----

30) Diether de la Motte: *Kontrapunkt* dtv - Bärenreiter, Kassel 1981, S. 368
31) *I.u.Z.* S. 68
32) *I.u.Z.* S. 80
33) *I.u.Z.* S. 32
34) Clemens Kühn: (s. Fußn. 26), S. 643
35) *I.u.Z.* S. 24

geben; doch die *wissenschaftliche Betrachtung allein* genügt nicht, um den wahren Gehalt einer Komposition zu erfassen, *denn dadurch, daß man weiß, wie es gemacht wurde, ist man noch lange nicht im Besitz dessen, was Musik im tiefsten Grunde bestimmt.*[36]

----

36) *I.u.Z.* S. 19

tempus loquendi ...

Flauto basso

Bernd-Alois Zimmermann

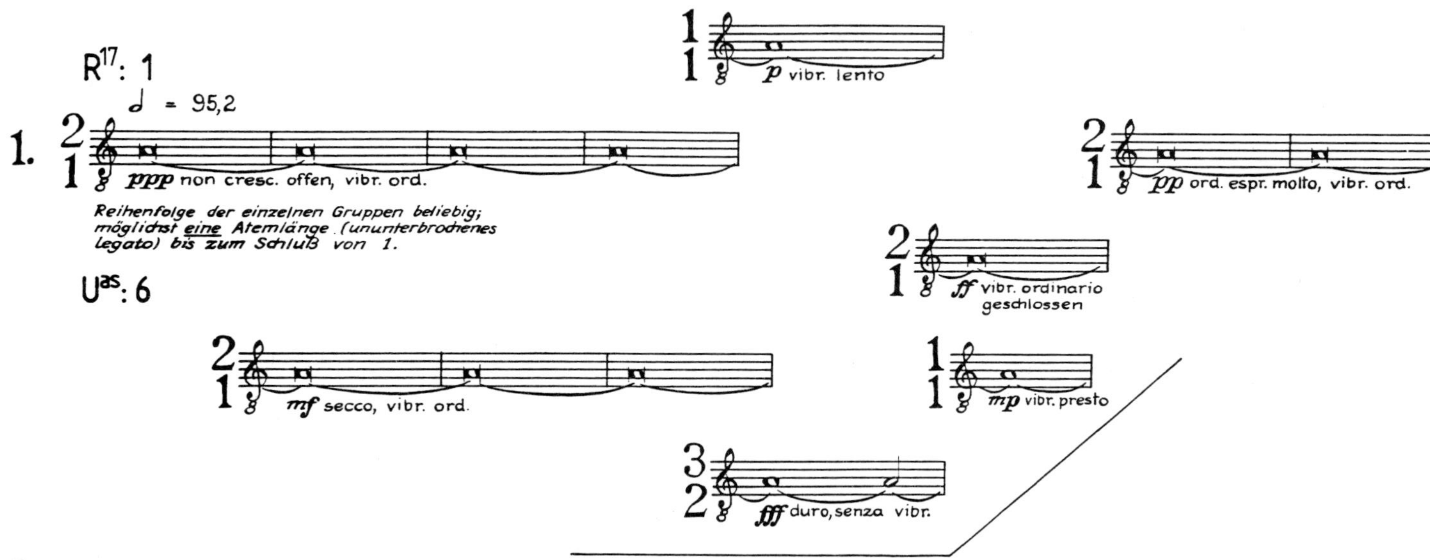

Anm.: Die Metronomzahlen stellen logarithmische Werte dar, die gewissermassen das ideale Ziel einer zwangsläufig approximativen Ausführung sind.
ꝑ = Viertelton höher; ɗ = Viertelton tiefer.

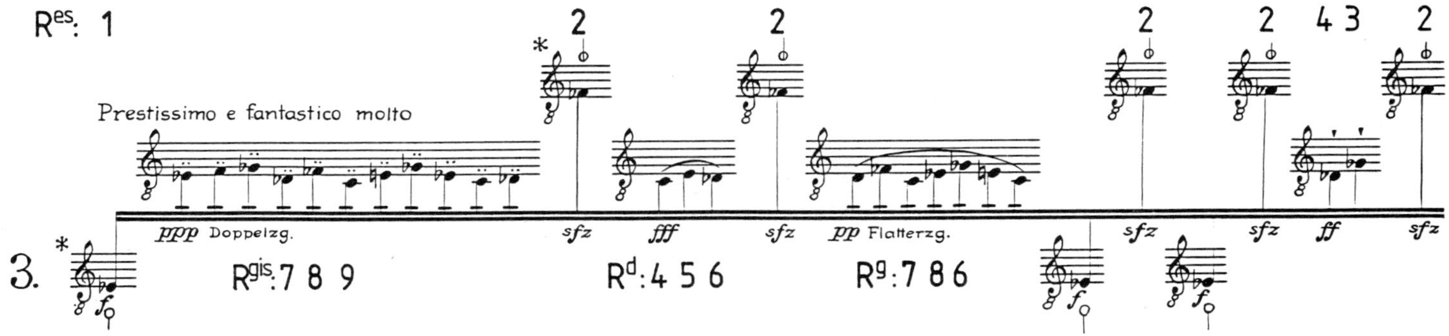

* Anm. ♀ = Klappe ohne Luft
⌽ = quasi pizz.
↗ ↘ = gliss. nach oben bzw. unten

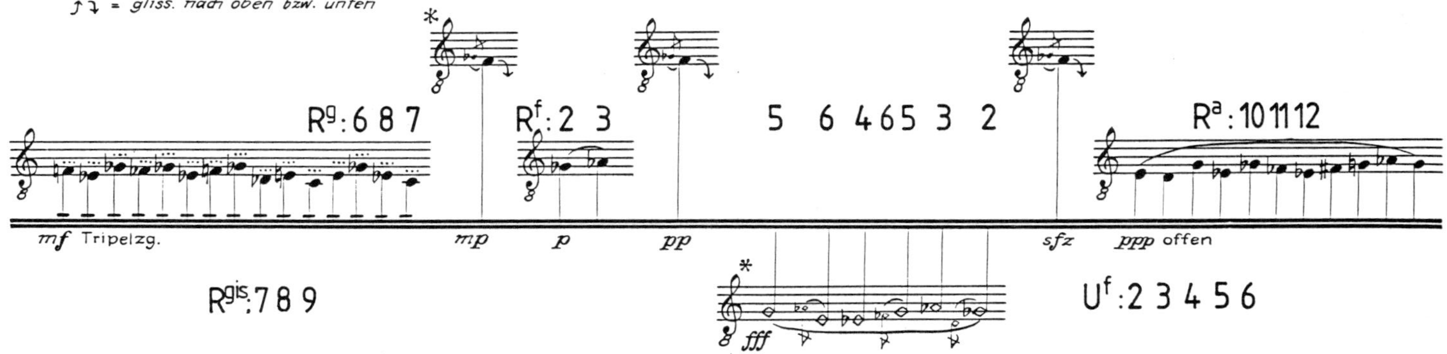

* Anm. 𝅗𝅥 = durch das Mundloch ohne „Ansatz" geblasen

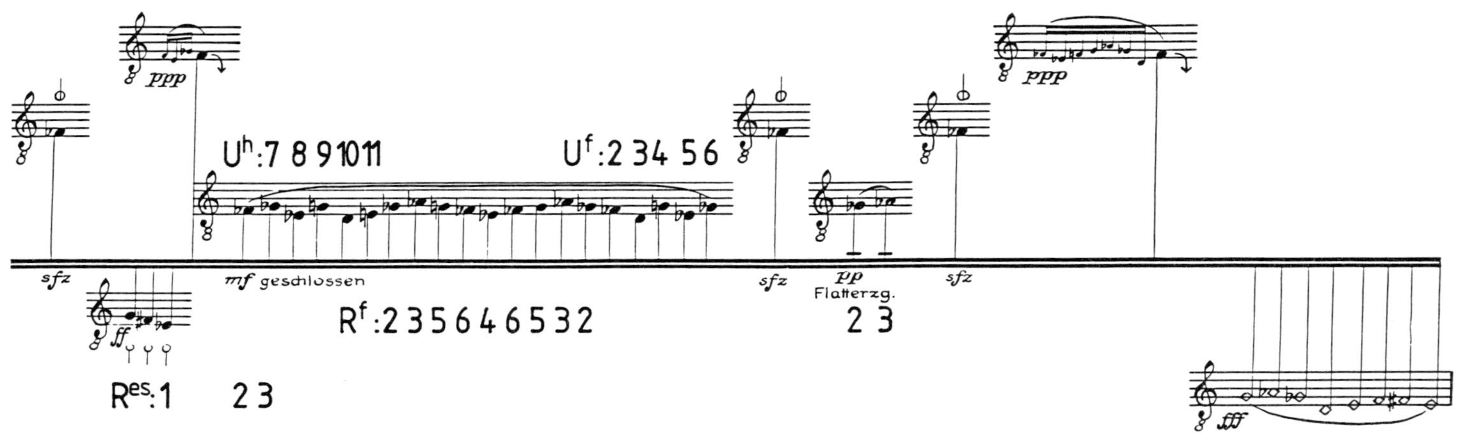

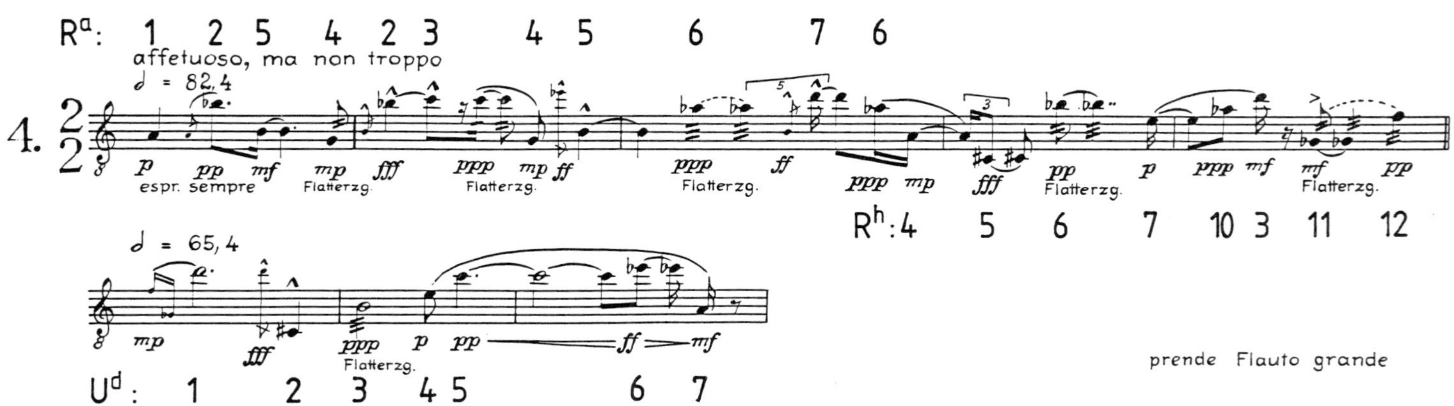

prende Flauto grande

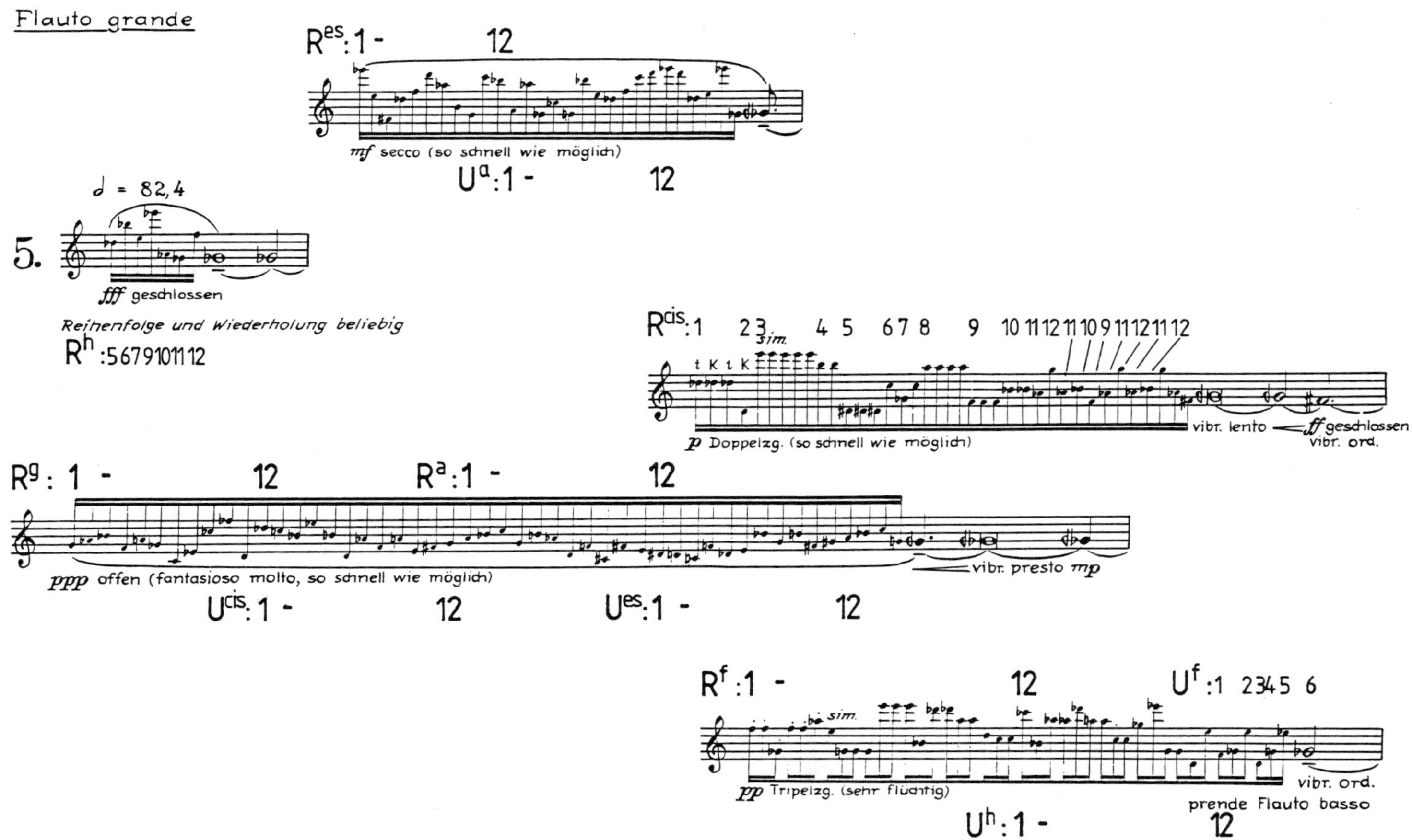

Flauto grande
R^es: 1 - 12
mf secco (so schnell wie möglich)
U^a: 1 - 12
♩ = 82,4
5.
fff geschlossen
Reihenfolge und Wiederholung beliebig
R^h: 5 6 7 9 10 11 12
R^cis: 1 2 3 4 5 6 7 8 9 10 11 12 11 10 9 11 12 11 12
sim.
t K t K
p Doppelzg. (so schnell wie möglich)
vibr. lento
ff geschlossen
vibr. ord.
R^g: 1 - 12
R^a: 1 - 12
ppp offen (fantasioso molto, so schnell wie möglich)
vibr. presto mp
U^cis: 1 - 12
U^es: 1 - 12
R^f: 1 - 12
U^f: 1 2 3 4 5 6
sim.
pp Tripelzg. (sehr flüchtig)
vibr. ord.
prende Flauto basso
U^h: 1 - 12

Flauto basso

sempre passionato molto

𝅗𝅥 = 113, 2

vibrato misurato

6.

Reihenfolge beliebig
(Keine Wiederholung)
möglichst wie auf eine Atemlänge

*Anm. *) + = Vibratostoss mit anschl. # Erhöhung oder d Erniedrigung*

prende Flauto in Sol

Flauto in Sol
𝅗𝅥 = 61,7 con licenza e passionato molto
7.
Res: 3 1 2
Ud: 10 11 12
Ug: 1 2 3
Rg: 1 2 3
Rg: 2 3
Res: 4 6 5 7
Rg: 5 6 5 6 7 3 4
Ud: 1 2 3
Rd: 11 12 10 12 11
Rf: 1 2
Rf: 3 5 6 7 4 1 2 3 8 4 9 10 11
Uh: 2 3
𝅗𝅥 = 84,8
R17: 1 - 16
senza misura, ma più tranquillo, rubato molto
quasi insentibile
Flatterzg.
poco ritenuto
Uh: 4 5 1 5 6 7 9 8 9 10 11 12
prende Flauto grande

Flauto grande

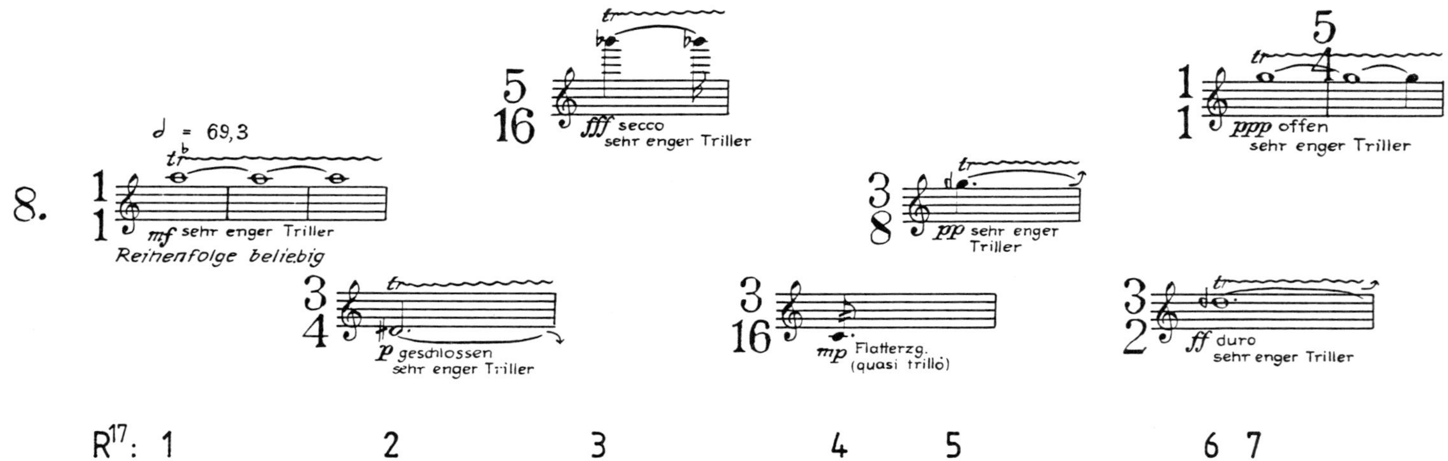

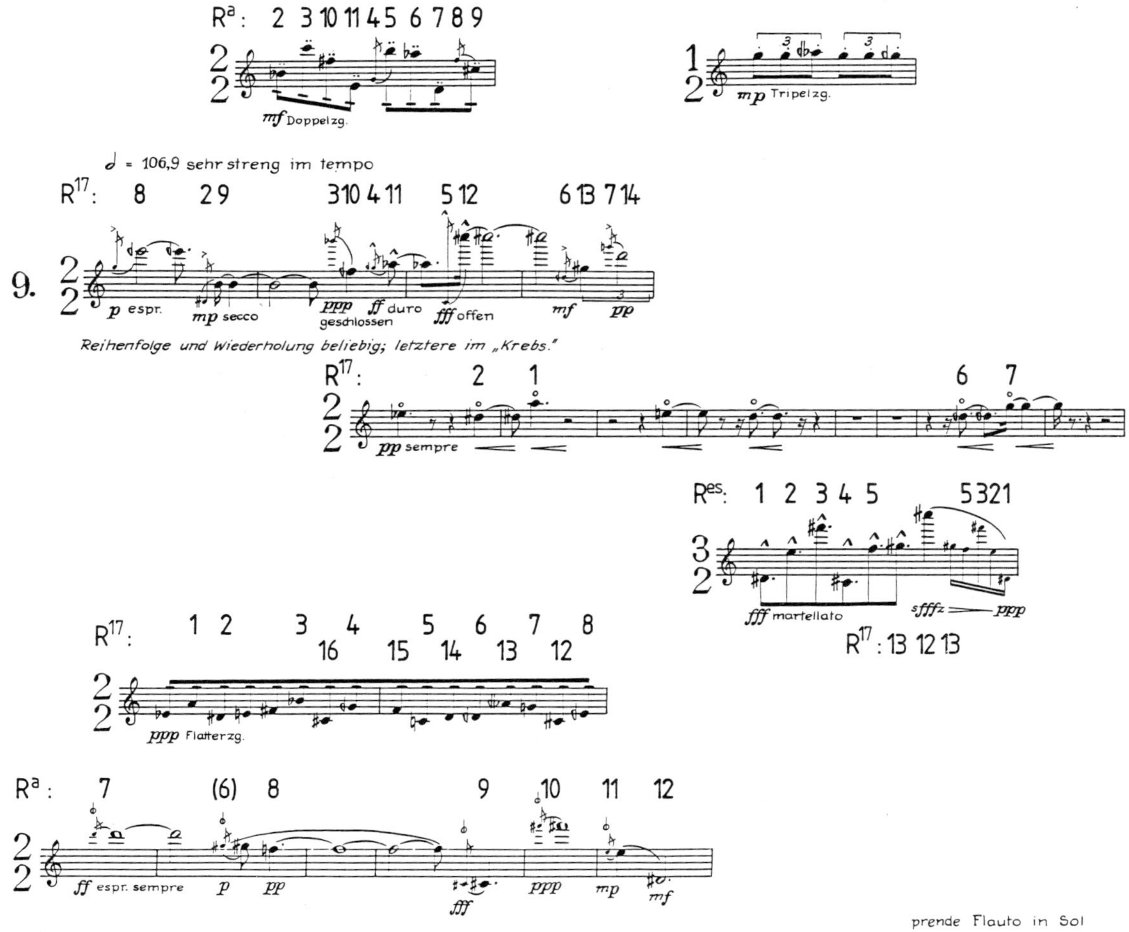
Rª: 2 3 10 11 4 5 6 7 8 9
mf Doppelzg.
mp Tripelzg.
𝅗𝅥 = 106,9 sehr streng im tempo
R¹⁷: 8 2 9 3 10 4 11 5 12 6 13 7 14
9.
p espr.
mp secco
ppp geschlossen
ff duro
fff offen
mf
pp
Reihenfolge und Wiederholung beliebig; letztere im „Krebs."
R¹⁷: 2 1 6 7
pp sempre
Rᵉˢ: 1 2 3 4 5 5 3 2 1
fff martellato
sfffz ppp
R¹⁷: 13 12 13
R¹⁷: 1 2 3 4 5 6 7 8
16 15 14 13 12
ppp Flatterzg.
Rª: 7 (6) 8 9 10 11 12
ff espr. sempre
p
pp
fff
ppp
mp
mf
prende Flauto in Sol

Flauto in Sol

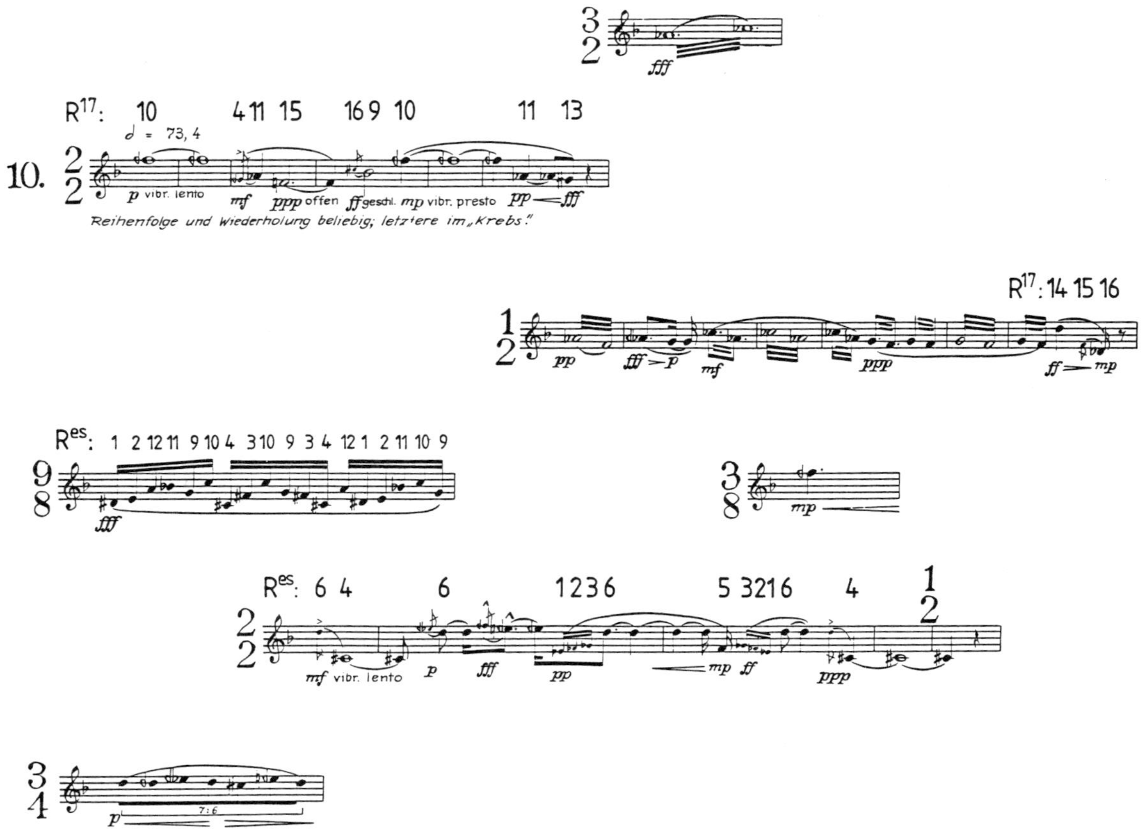

prende Flauto basso

Flauto basso

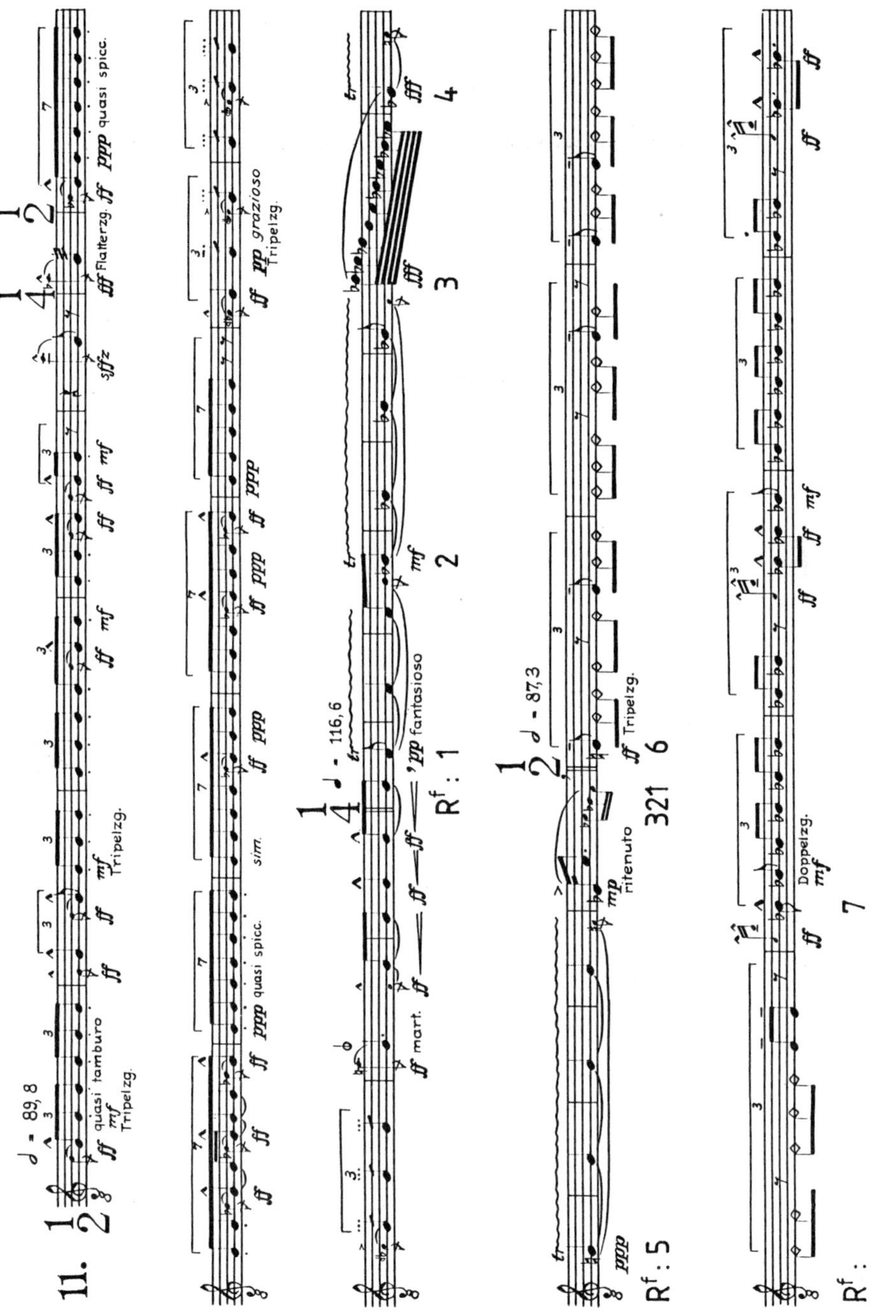

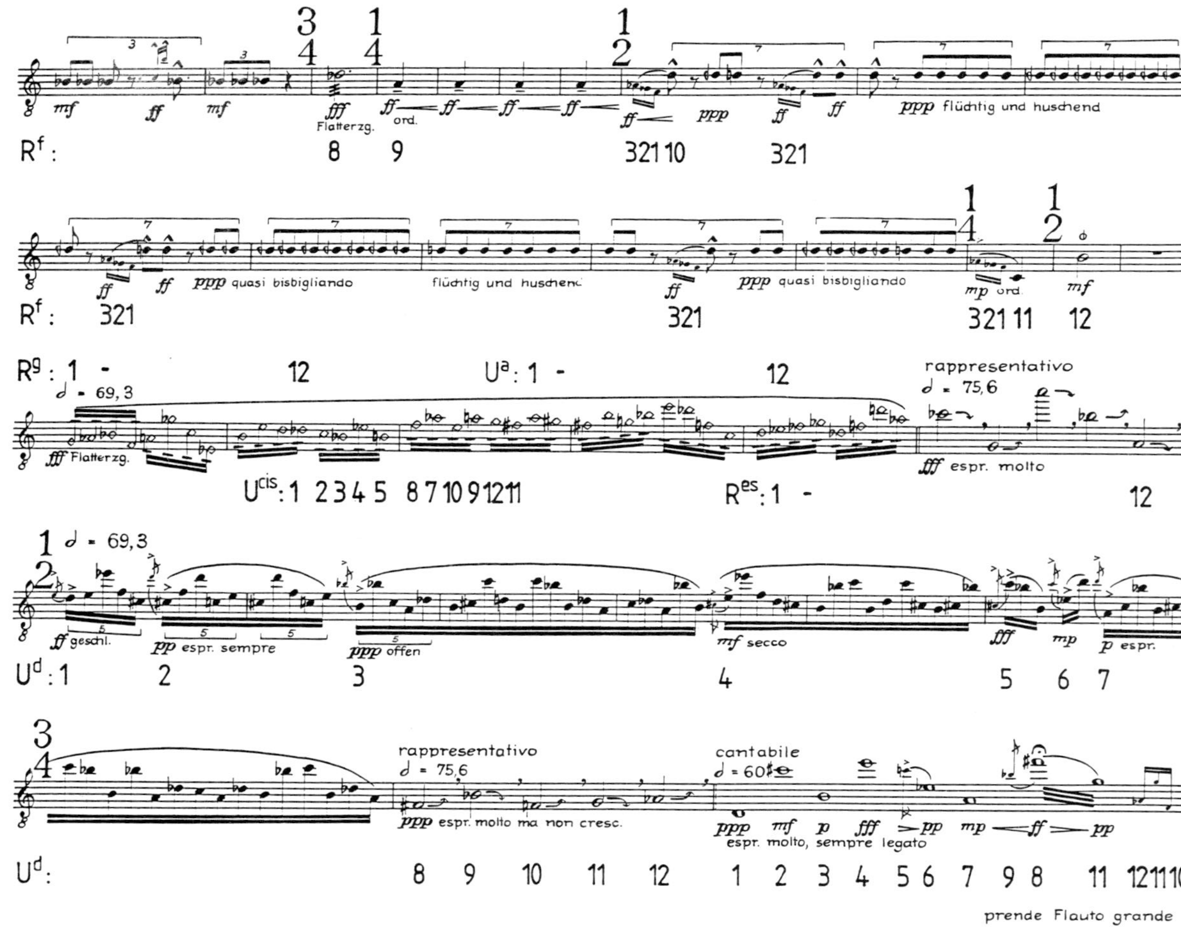
mf ff mf fff ff ff ff ff ff ppp ff ff
Flatterzg.
ord.
ppp flüchtig und huschend
Rf: 8 9 32110 321
ff ff ppp quasi bisbigliando
flüchtig und huschend
ff ppp quasi bisbigliando
mp ord. mf
Rf: 321 321 32111 12
Rg: 1 - 12
Ua: 1 - 12
𝅗𝅥 = 69,3
fff Flatterzg.
rappresentativo
𝅗𝅥 = 75,6
fff espr. molto
Ucis: 1 2 3 4 5 8 7 10 9 12 11
Res: 1 - 12
𝅗𝅥 = 69,3
ff geschl.
pp espr. sempre
ppp offen
mf secco
fff mp p espr.
Ud: 1 2 3 4 5 6 7
rappresentativo
𝅗𝅥 = 75,6
ppp espr. molto ma non cresc.
cantabile
𝅗𝅥 = 60
ppp mf p fff pp mp ff pp
espr. molto, sempre legato
Ud: 8 9 10 11 12 1 2 3 4 5 6 7 9 8 11 12 11 10
prende Flauto grande

Flauto grande

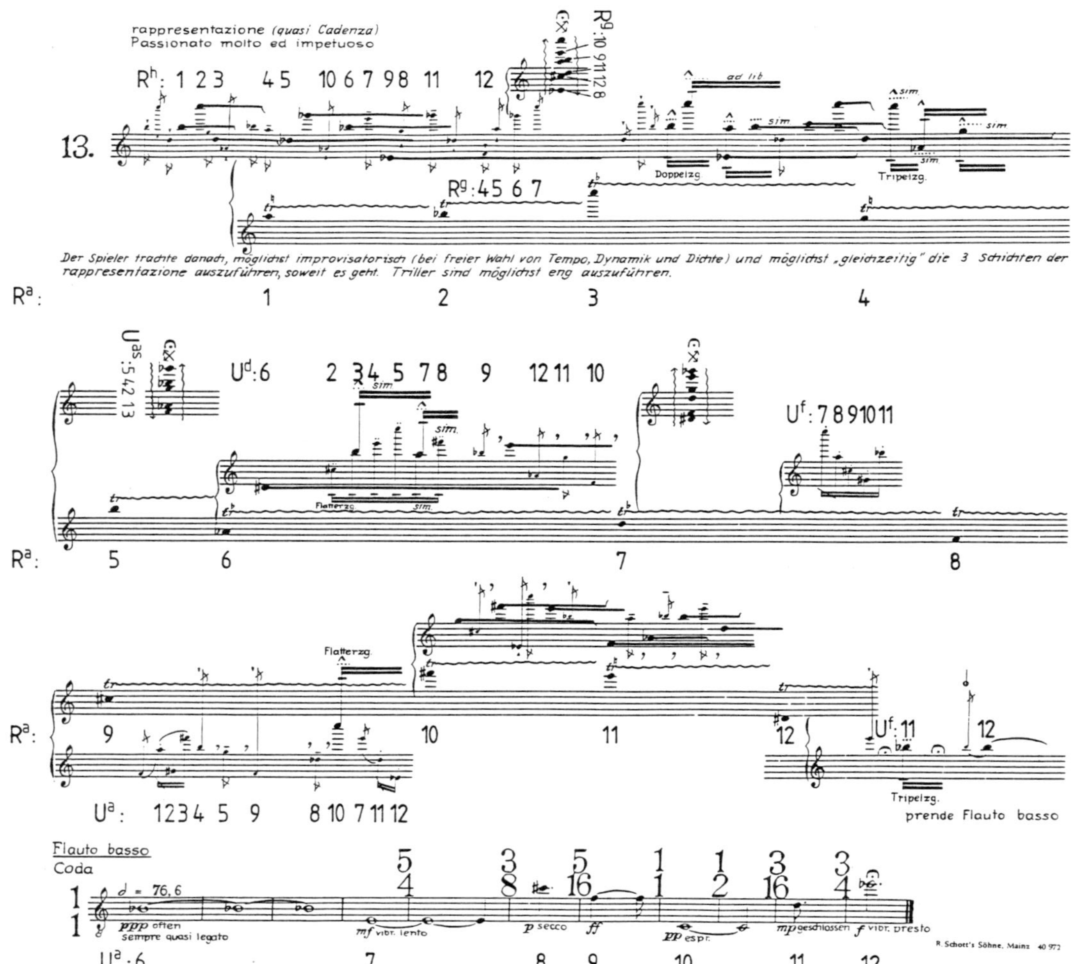
rappresentazione (quasi Cadenza)
Passionato molto ed impetuoso
13.
Rh: 1 2 3 4 5 10 6 7 9 8 11 12
Rg: 10 9 11 12 8
ad lib
sim
Doppelzg.
Tripelzg.
Rg: 4 5 6 7
tr
Der Spieler trachte danach, möglichst improvisatorisch (bei freier Wahl von Tempo, Dynamik und Dichte) und möglichst „gleichzeitig" die 3 Schichten der rappresentazione auszuführen, soweit es geht. Triller sind möglichst eng auszuführen.
Ra: 1 2 3 4
Uas: 5 4 2 1 3
Ud: 6 2 3 4 5 7 8 9 12 11 10
Flatterzg.
Uf: 7 8 9 10 11
Ra: 5 6 7 8
Flatterzg.
Ra: 9 10 11 12
Uf: 11 12
Ua: 1 2 3 4 5 9 8 10 7 11 12
Tripelzg.
prende Flauto basso
Flauto basso
Coda
𝅗𝅥 = 76,6
ppp offen
sempre quasi legato
mf vibr. lento
p secco
ff
pp espr.
mp geschlossen
f vibr. presto
Ua: 6 7 8 9 10 11 12
R. Schott's Söhne, Mainz 40 972

WERKVERZEICHNIS

1. Veröffentlichte Werke [1]

1946/47	"Capriccio", Improvisationen über Volks- und Kinderlieder für Klavier zweihändig (Schwann)
1948	"Lob der Torheit", Burleske Kantate nach Worten von Johann Wolfgang von Goethe für Koloratur-Sopran, Vorsänger (Tenor), Baß, gemischten Chor und großes Orchester
	Konzert für Streichorchester (Bearbeitung des unveröffentlichten Streichtrios 1943)
1940/50	"Alagoana / Caprichos Brasileiros", Ballett-Suite für Orchester
	"Alagoana / Caprichos Brasileiros", Ballett
1950	Sonate für Violine und Klavier
	Konzert für Violine und großes Orchester
1951	Sonate für Violine solo
1949/52	"Enchiriodon", Kleine Stücke für Klavier zu zwei Händen
1952	Konzert für Oboe und kleines Orchester
1953	"Kontraste", Musik zu einem imaginären Ballett nach einer Idee von Fred Schneckenburger für Orchester
	"Kontraste" (Ballett), Musik zu einem imaginären Ballett nach einer Idee von Fred Schneckenburger
1947/53	Sinfonie in einem Satz für großes Orchester
1954	"Darkey's Darkness", Konzert für Trompete in C und Orchester, unter Verwendung des Spirituals "Nobody knows de trouble I see" [2]
1955	"Perspektiven", Musik zu einem imaginären Ballett für zwei Klaviere
	Sonate für Viola solo
1954/56	"Konfigurationen", Acht Stücke für Klavier (Überarbeitung der unveröffentlichten "Metamorphosen" von 1954)
1957	"Omnia tempus habent", Kantate für Sopran-Solo und 17 Instrumente auf Texte der Vulgata ("Liber Ecclesiastes" III, 1-11) (Ricordi)
1952/57	"Canto di speranza", Kantate für Violoncello und kleines Orchester (1952: Konzert für Vc. u. kl. Orchester, unveröffentlicht)
1958	Impromptu für Orchester (Edition Modern)
1959	"Die Soldaten", Vokal-Sinfonie für 6 Gesangs-Solisten (Koloratur-Sopran, Mezzo-Sopran, Alt, 2 Tenöre, Baß)
1958/60	(rev. 1963-64) "Die Soldaten", Oper in vier Akten nach dem gleichnamigen Schauspiel von Jakob Michael Reinhold Lenz
1960	"Dialoge", Konzert für 2 Klaviere und großes Orchester (revidierte Fassung 1965)
	Sonate für Cello solo (Edition Modern)

----

1) Alle Werke sind - soweit nicht anders vermerkt - im Musikverlag B. Schott's Söhne, Mainz, erschienen

2) "Nobody knows de trouble I see" wird zumeist fälschlicherweise als Titel angegeben, das Autograph trägt jedoch den Titel "Darkey's Darkness".

1961	"Présence", Ballet blanc en cinq scènes pour violin, violoncelle et piano
	"Antiphonen" für Viola und 25 Instrumentalisten (Edition Modern)
1950/62	"Rheinische Kirmestänze" für 13 Bläser
1962	"Cinque Capricci di Girolamo Frescobaldi 'La Frescobalda'" für Orchester (Bärenreiter)
	"Giostra Genovese", Alte Tänze verschiedener Meister für kleines Orchester (Bärenreiter)
1963	"Tempus loquendi...", Pezzi ellittici per Flauto Grande, Flauto in Sol e Flauto Basso
1960/64	"Monologe" für zwei Klaviere, Fassung der "Dialoge" für zwei Klaviere und großes Orchester für 2 Klaviere soli
1965/66	Concerto pour violoncelle et orchestre en forme de "pas de trois"
1966	"Musique pour les soupers du Roi Ubu", Ballet noir en sept parties et une entrée (Bärenreiter)
	"Tratto", Komposition für elektronische Klänge
1967	"Die Befristeten", Ode an Eleutheria in Form eines Totentanzes für Jazz-Quintett (aus der Musik zum Hörspiel "Die Befristeten" von Elias Canetti)
	"Intercomunicazione" per violoncello e pianoforte
1968	"Photoptosis", Prélude für großes Orchester
1967/69	"Requiem für einen jungen Dichter", Lingual für Sprecher, Sopran- und Bariton-Solo, drei Chöre, elektronische Klänge, Jazz-Combo und Orgel nach Texten verschiedener Dichter, Berichten und Reportagen
1969	"Tratto II" für elektronische Klänge
1970	"Vier kurze Studien" für Violoncello (Gerig)
	"Stille und Umkehr", Orchesterskizzen
	"Ich wandte mich um und sah alles Unrecht, das geschah unter der Sonne", Ekklesiastische Aktion für 2 Sprecher, Baß-Solo und Orchester
ohne Entstehungsdatum	"Sarabande und Bolero" für Klavier (Gerig)

2. Unveröffentlichte Werke

1942/43	Streichtrio
1945	3 Stücke für Orchester
	"Symphonisches Vorspiel (Sinfonia prosodica)" für großes Orchester
1945/46	"Extemporale" für Klavier
1946	"Capriccio", Improvisationen über Volksliedthemen für Klavier, vierhändige Version
	Fünf Lieder für eine Singstimme mit Klavierbegleitung
	Drei geistliche Lieder für eine Singstimme und Klavier
1946/48	"Konzert für Orchester" (1. Fassung 1946, 2. Fassung 1948)
1947	"Tantum ergo" für vierstimmigen gemischten Chor a cappella
	"Die Brünnlein, die da fließen...", Volksliedkantate für Alt- und Baß-Bariton-Solo, gemischten Chor und 11 Solo-Instrumente
1949	"Symphonische Variationen und Fuge" über das Weihnachtslied "In dulci jubilo" für großes Orchester
1952	"Des Menschen Unterhaltsprozeß gegen Gott", auto sacramentale von Pedro de Calderon in 3 Akten für Sprecher, Soli, achtstimmigen gemischten Chor, Orgel und Orchester
	Konzert für Violoncello und kleines Orchester, 1957 als "Canto di speranza" veröffentlicht
1954	Suite aus der Filmmusik zu "Metamorphose" (M. Wolgensinger), für Orchester
	"Metamorphosen" für Klavier, Überarbeitung 1956 als "Konfigurationen" veröffentlicht
1956	"Laquitas, danza del antiplano" für Orchester
ohne Entstehungsdatum	"1900 Jahre Köln", Musik zu einem Festspiel
	"Medea", Oper nach H.H. Jahn, Fragment

3. Theater-, Film- und Hörspielmusiken

"Abraham von Sodom"
"Ansiwarenwanderung, Robin Hood"
"Antonius und Cleopatra" (William Shakespeare)
"Arznei nach eigenem Rezept"
"Auf der Straße nach Bapume"
"Die Befristeten" (Elias Canetti)
"Besucher aus einer anderen Welt"
"Die Bluthochzeit" (Federico Garcia Lorca)
"Daniel" (Anton Betzner)
"Ein Bruderzwist im Hause Habsburg" (Franz Grillparzer)
"Ein Nest voller Ostereier"
"Ein Sturmvogel flog dem Orkan entgegen"
"Emilia Galotti" (G.E. Lessing) (Städtische Bühnen Wuppertal)
"Es geht alles vorüber"
"Der fahrend' Schüler im Paradeis" (Hans Sachs)
"Findelkinder der Muse"
"Festianus Märtyrer" (Günther Eich)
"Flandrischer Herbst" (Elisabeth Langgässer)
"Florentinische Tragödie" (Oscar Wilde)
"Das Galgenmännlein"
"Die Geschichte des Asgild Thorgidson"
"Die Goldene"
"Der Graf von Ratzeburg" (Ernst Barlach) (Bühnen der Stadt Essen)
"Die Grasharfe" (Truman Capote) (Städtische Bühnen Wuppertal)
"Das große Theater der Angst"
"Das große Welttheater" (Hugo von Hofmannsthal)
"Grün und Gelb" (Puppenspiel von F. Schneckenburger), verwendet in "Kontraste"
"Heimkehr und Irrfahrten des Odysseus"
"Das Haus mit dem Cherub"
"Hiob" (nach Joseph Roth von V. Clement)
"Ich bin 45 Jahre alt"
"Jedermann" (Hugo von Hofmannsthal)
"Jesuskind in Flandern" (Felix Timmermanns)
"Judith" (Jean Giraudoux)
"Jugend von heute - Staatsbürger von morgen"
"Kaiser Otto und der gute Gerhard"
"Kampf gegen den Tod"
"Kinder der Angst"
"Der kleine Sandmann bin ich" (Kinderfunk)
"Der Lügner" (Carlo Goldoni)
"Die Magd" (Hermann Sudermann)
"Kommt laßt uns unsern Kindern leben"
"Man müßte nach Rom gehen"
"Le Marquis de Sade"
"Melusine" (Ivan Goll)
"Metamorphose" (Film von M. Wolgensinger)
"Miss Sara Sampson" (G.E. Lessing)
"Die Mondvögel" (Marcel Aymé)
"Drei Moritaten"
"Nach 150 Jahren"
"Das Postamt" (Rabindranath Tagore)
"Der Ritter von Thaurissa"
"Der Ruhetag" (Paul Claudel) (Bühnen der Stadt Essen)
"Sam Ego's Haus" (William Saroyan) (Bühnen der Stadt Essen)
"Sappho" (Franz Grillparzer)
"Das Spiel von der Geburt Christi"
"Die Sündflut" (Ernst Barlach)
"Schauerliche Balladen"
"Schmetterlingslegende" (H. Kleffel)
"Stawr Godinowitsch"
"Der Tänzer unserer Lieben Frau"

"Das Thüringer Spiel von den 10 Jungfrauen"
"Till Eulenspiegel"
"Titania"
"Tödliche Einsamkeit"
"Der tolle Invalide auf dem Ratonno"
"Totentanz" (August Strindberg)
"Die Türken vor Wien"
"Der Turm" (Hugo von Hofmannsthal)
"Der Turm auf dem Hühnerhof"
"Über die Brücke"
"Das Unauslöschliche"
"Der unbekannte Befehl"
"Vergiß, was du gewesen bist"
"Die Verschwörung des Fiesco zu Genua" (Friedrich Schiller)
"Vom Dynamit zum Friedenspreis"
"Der Weg, der Stern, das Feld"
"Weißpfötchen, der Osterhase"
"Zeitvertreib zum Heiligen Abend"
"Zirkus Nero"

Zahlreiche Arrangements für die Unterhaltungsorchester der Rundfunkanstalten Köln, Frankfurt und Baden-Baden

BIBLIOGRAPHIE

1. Eigene Schriften

"Jenseits des Impressionismus. Von Debussy bis zur 'Jeune France'",
in: Musica 12/1949, S. 439 ff.

"Entscheidung im Material. Die Situation des jungen Komponisten",
in: Darmstädter Echo vom 26. August 1950

"Material und Geist",
in: Melos 1/1951, S. 5 ff.

"Über Igor Strawinsky",
in: Melos 6-7/1952, S. 174

"Unzeitgemäße Betrachtungen zur Musik der jungen Generation",
in: Melos 11/1952, S. 30 ff.

"Mozart und das Alibi" (Dezember 1955),
Text für den WDR zum Mozart-Jahr 1956,
gedruckt im Programmheft der Deutschen Oper am Rhein, Düsseldorf, Oktober 1971,
und in: "Intervall und Zeit", Aufsätze und Schriften zum Werk, hrsg. von Chr. Bitter, Mainz 1974, S. 15, (nachfolgend als "I.u.Z" bezeichnet)

"Intervall und Zeit" (1957),
erschienen in: Frankfurter Allgemeine Zeitung, und in: "I.u.Z.", S. 11
und unter dem Titel "Moderne Aspekte des musikalischen Zeitbegriffs",
in: Neue Zeitschrift für Musik 2/1958

"Moderne Aspekte des musikalischen Zeitbegriffs",
in: Neue Zeitschrift für Musik 2/1958,
und unter dem Titel "Intervall und Zeit" in: Frankfurter Allgemeine Zeitung, und in: "I.u.Z.", S. 11

"Über das produktive Mißvergnügen" (1958/60)
Beitrag für das musikalische Nachtprogramm des Bayerischen Rundfunks München 1960. Der veröffentlichte Text stellt die gekürzte und überarbeitete Form eines Aufsatzes dar, den der Autor im Jahre 1958 in der Zeitschrift: "Köln" - eine Vierteljahreszeitschrift für die Freunde der Stadt, 4/1958, publizierte. -
und in: "I.u.Z.", S. 20

"Beschränkung und Freiheit" (1958),
in: Melos 11/1958, und in: "I.u.Z.", S. 51

"Über die Beharrlichkeit der Mißverständnisse"
Antwort auf eine Rundfrage des Vortrages "Was ist Musik" (1958) von Prof. Dr. Friedrich Blume, in: "I.u.Z.", S. 17,
und unter dem Titel: "Komponisten bestimmen die Grenzen der Musik",
in: Melos 3/1959, S. 89

"Komponisten bestimmen die Grenzen der Musik"
in: Melos 3/1959, S. 89, und unter dem Titel: "Über die Beharrlichkeit der Mißverständnisse", in: "I.u.Z.", S. 17

"'Zeitgenössische' oder 'neue' Musik",
in: "Köln" - eine Vierteljahreszeitschrift für die Freunde der Stadt, 2/1960

"J.M.R. Lenz und neue Aspekte der Oper. Libretto - Vorwand oder Anlaß",
in: Theater der Zeit 8/1961

"Musiker von heute " (1961)
Rundfunkmanuskript, erschienen in: "I.u.Z.", S. 23

"Frescobaldi" (1962),
Rundfunkmanuskript; erschienen in: I.u.Z.", S. 26

"Zu Ludwig Streckers 80. Geburtstag",
in: Melos 1/1963, S. 15

"Gespräch mit einem Kranich",
veröffentlicht unter dem Pseudonym Johannes Pirol im Programmheft der Städtischen Bühnen Wuppertal "Theater und Zeit" 7/März 1963,
und in: "I.u.Z.", S. 118

"Sechs Jahrhunderte Ars nova. Ein Streitgespräch unter Musikstudenten über ein gestern wie heute aktuelles Thema abendländischer Musikgeschichte",
Sendung vom WDR III vom 30. November 1963 (Manuskript)

"Komponist und Zeitungspapier" (1965),
in: "I.u.Z.", S. 123

"Die Soldaten. Oper in 4 Akten. Textbuch."
Mainz: Schott-Verlag, 1965

"Zukunft der Oper"
Einige Gedanken über die Notwendigkeit der Bildung eines neuen Begriffes von Oper als Theater der Zukunft (1965),
in: Blätter der Bühnen der Stadt Köln 2/1965/66,
und in: "I.u.Z.", S. 38

"Einige Thesen über das Verhältnis von Film und Musik" (1967),
in: "I.u.Z", S. 53

"Die Notwendigkeit, eine Invektive zu verfassen"
Entgegnung auf einen Vortrag von Hans G Helms,
in: Melos 11/1967, und in: "I.u.Z.", S. 125

"Gedanken über elektronische Musik" (1967),
gedruckt als Einführung zu "Tratto" auf der Plattenhülle der Wergo-Schallplatte WER 60031,
und in: "I.u.Z.", S. 56 (jedoch ohne Grafiken)

"Einführung zu 'Die Befristeten'" (1968),
gedruckt als Werkeinführung auf der Plattenhülle der Wergo-Schallplatte WER 60031,
und unter dem Titel: "Gedanken über Jazz", in: "I.u.Z.", S. 62

"Gedanken über Jazz" (1968),
in: "I.u.Z.", S. 62,
und als Werkeinführung zu "Die Befristeten" auf der Plattenhülle der Wergo-Schallplatte WER 60031

"Vom Handwerk des Komponisten" (1968),
Rundfunkmanuskript, erschienen in: "I.u.Z.", S. 31

"Als Information zu werten. Der Komponist über die Aufnahme seiner 'Soldaten'",
in: fono forum 7/1968, S. 375

"Über die Zukunft des Balletts. Ein Extemporale." (1968),
in: Programmheft der Städtischen Bühnen Frankfurt a.M. zum Ballettabend von Hindemith "Die vier Temperamente" (Premiere am 21.4.1974),
und in: "I.u.Z.", S. 47

"Über die neuerliche Bedeutung des Cellos in der neuen Musik" (1968),
Manuskript für eine Sendung des Südwestfunks Baden-Baden, Januar 1969,
und in: "I.u.Z.", S. 73,
und unter dem Titel: "Canto, Sonate, Konzert", in: Melos 12/1971, S. 521-526

"Kompositionen für unbegleitete Soloinstrumente" (1969),
Manuskript für eine Sendung des Schweizer Rundfunks, Studio Basel,
und in:" "I.u.Z.", S. 66

"Oper als totales Theater",
in: Opernwelt 12/1969, S. 41-43 (Nachdruck aus: Theater heute)

"Kommentar zu 'Dialoge'",
in: "II. Allgemeines Deutsches Musikfest. Tage der Neuen Musik. Hannover, 1.-9. Februar 1970", Regensburg o.J., S. 124,
und in: "I.u.Z.", S. 98

"Canto, Sonate, Konzert",
in: Melos 12/1971, S. 521-526,
und unter dem Titel: "Über die neuerliche Bedeutung des Cellos in der neuen Musik", als Manuskript für eine Sendung des Südwestfunks Baden-Baden, Januar 1969, und in: "I.u.Z.", S. 73

"Intervall und Zeit",
Aufsätze und Schriften zum Werk,
herausgegeben von Christof Bitter, Mainz 1974

2. Rundfunksendungen [1]

Gespräch mit dem Komponisten. Gesprächspartner Walter Friedländer. -
Sendung des HR v. 20.6.1954 (Band-Nr. KS 54133).

Gespräch anläßlich der Verleihung des Großen Kunstpreises von Nordrhein-Westfalen mit dem Ministerpräsidenten von Nordrhein-Westfalen und verschiedenen Preisträgern. -
Sendung des WDR v. 15.7.1960 (Band-Nr. Dok 288/13) .

Interview mit dem Komponisten über seine Oper "Die Soldaten".
Über Libretto, Handlung, Verhältnis Musik/Text u.a. -
Sendung des WDR v. 15.2.1965 (Band-Nr. Dok 851/11) .

Interview mit dem Komponisten anläßlich der Verleihung des Kunstpreises der Stadt Köln. -
Sendung des WDR v. 25.6.1966 (Band-Nr. Dok 957/11) .

Über sich selbst. Kommentare zu eigenen Werken. -
Sendung des SFB (Nachtprogramm) v. 13.2.1969.

----

1) Die Bänder können, da Manuskripte nicht mehr existieren, nur in den jeweiligen Rundfunkanstalten abgehört werden.

2. Sekundärliteratur

1 -: "Bernd Alois Zimmermann *1918",
in: Magnum (Köln) 30/1960, S. 33

2 -: "Premières" (zur UA von "Intercomunicazione"),
in: Broadcast Music Inc.; the many worlds of music (New York), Nov. 1967, S. 17

3 -: "Uraufführungen" (zu "Dialoge"),
in: Musikhandel 2/1968, S. 72

4 -: "Activities of member organizations" (zur UA von "Intercomunicazione"),
in: National Music Council Bulletin (New York), 2/1968 S. 22

5 -: "Kalender",
in: Opernwelt 3/1968, S. 1

6 -: "Zimmermanns neues Cellokonzert",
in: Musikalische Jugend 3/1968, S. 23

7 -: "Premières" (zur UA der "Dialoge"),
in: Broadcast Music Inc.; the many worlds of music (New York), Juni 1968, S. 20

8 -: "Premières" (zur UA des Concerto pour violoncelle et orchestre en forme de "pas de trois"),
in: Broadcast Music Inc.; the many worlds of music (New York), Nov.-Dez. 1968, S. 41

9 -: "Gewagt und gewonnen - Bernd Alois Zimmermanns Oper 'Die Soldaten' am Hessischen Staatstheater Kassel",
in: Musikalische Jugend 6/1968-69, S. 14

10 -: "Premières" (zur UA von "Photoptosis"),
in: Broadcast Music Inc.; the many worlds of music (New York), Mai 1969, S. 12

11 -: "Tadeusz Baird o kongresie i festiwalu SIMC 1969 w Hamburgu" (zum Concerto pour violoncelle et orchestre en forme de "pas de trois"),
in: Ruch Muzyczny (Warschau), 17/1969, S. 9-10

12 -: "Verlagsschaffen" (zur UA des "Requiem für einen jungen Dichter"),
in: Musikhandel 8/1969, S. 388

13 -: "Semana de la opera moderna en Munich" (zu "Die Soldaten"),
in: Buenos Aires Musical Nr. 408/1970, S. 6

14 -: "München" (zu "Die Soldaten"),
in: Oper und Konzert, 13. Apr. 1970, S. 10

15 -: "Music for the Suppers of King Ubu",
in: Cincinnati Symphony Orchestra Program Notes, 24. Apr. 1970, S. 797

-: Nachrufe in:

16 Gottesdienst und Kirchenmusik, Sept.-Okt. 1970, S. 174-75

17 Hudebni Rozhledy (Prag), 9/1970, S. 398

18 Musik und Bildung, Sept. 1970, S. 399

19 Neue Zeitschrift für Musik, Sept. 1970, S. 433

20 nuova rivista musicale italiana (Rom), Sept.-Okt. 1970, S. 1003-04

21 Das Orchester, Sept. 1970, S. 424

22 Musikhandel 5/1970, S. 201

23 Schweizerische Musikzeitung 5/1970, S. 340-41

24 The Musical Times (London), Okt. 1970, S. 1034

25 Opera (London), Okt. 1970, S. 967

26 Central Opera Service Bulletin (New York), März-Apr. 1971, S. 26

27 Boletin Interamericano de Musica (Washington), Nr. 85-86 Nov.-Juni 1972-73, S. 92

28 -: "Uraufführungen" (zu "Stille und Umkehr"), in: Musikhandel 2/1971, S. 82

29 -: "Philharmonische Fronten - zehn Uraufführungen zum Dürer-Jahr in Nürnberg, in: Neue Musikzeitung 2/1971, S. 5

30 -: "'Symphony in One Movement'", in: Chicago Symphony Orchestra Program Notes, 11. Febr. 1971, S. 11-13

-: zu "Die Soldaten" - Düsseldorf 1971, in:

31 Oper und Konzert, Mai 1971, S. 8

32 Opera (London), Mai 1971, S. 401-02

33 Opernwelt 5/1971, S. 21

34 -: "Premières" (zu "Stille und Umkehr"), in: Broadcast Music Inc.; the many worlds of music (New York), Sommer 1971, S. 30-31

35 -: "B. A. Zimmermann zum Gedächtnis", in: Das Orchester, Jan. 1972, S. 31 (Nachdruck aus General-Anzeiger/Westdeutsche Rundschau Wuppertal v. 8. Nov. 1971)

36 -: "Premières" (zur UA von "Stille und Umkehr", in: Music Journal (New York), März 1973, S. 26

37 -: "The Julliard School" (zu "Stille und Umkehr"), in: Music Journal (New York), Apr. 1973, S. 52-53

38 -: "Nürnberg" (zu "Die Soldaten"), in: Oper und Konzert 7/1974, S. 20-21

39 -: "Photoptosis", in: New York Philharmonic Program Notes, 3.-15.Okt. 1974

40 -: "'Photoptosis', prelude for large orchestra", in: Lincoln Center (New York), 3. Okt. 1974, S. 17

41 -: "Stille und Umkehr", in: Cleveland Orchestra Program Notes, 13. März 1975, S. 901

-: zu "Die Soldaten" - Hamburg 1976, in:
42 Oper und Konzert 1/1977, S. 8-9, und 2/1977, S. 9-10
43 Opera News (New York) 5. März 1977, S. 29

44 -: "Svensk musikvaar 1976" (auch in Englisch) (zu "Photoptosis"), in: Nutida Music (Stockholm) 3/1976-77, S. 28-29

45 ad (gez.): "Noten" (zu "Photoptosis"), in: Melos 1/1972, S. 60

46 aeu (gez.): "Premieren durch den Lautsprecher" (zu "Canto di speranza"), in: Melos, Okt. 1958, S. 334-35

47 Bachauer, Walter: "Postume Würdigung. Kompositionen von Bernd Alois Zimmermann in Berlin", in: Die Welt v. 1.11.1971

48 Bachmann, C.H.: "Jazz und Dodekaphonie" (zum Konzert für Trompete und Orchester "Darkey's Darkness"),
in: Neue Zeitschrift für Musik, März 1956, S. 173

49 Barry, M.: "Big modern (concert reviews)" (zu "Die Soldaten"),
in: Music and Musicians (London), Dez. 1978, S. 50

50 Baruch, Gerth-Wolfgang: "Zeitgenössische Kompositionen: Bernd Alois Zimmermann", in: Melos 11/1953, S. 319

51 Baumgartner, Alfred: "Bernd Alois Zimmermann (1918-1970)",
in: "Neuer Konzertführer", o.O., 1978, S. 637-40

52 Becker, Peter: "Aspekte der Lenz-Rezeption in B.A. Zimmermanns Oper 'Die Soldaten'", in: "Musiktheater heute", Mainz, 1982

53 Becker, W.: "Da Berlino" (zu "Canto di speranza", "Présence" und "Stille und Umkehr"),
in: nuova rivista musicale italiana (Rom), 2/1972, S. 269-72

54 Benary, P.: "Luzern" (zu "Monologe"),
in: Schweizerische Musikzeitung 6/1970, S. 375

55 Bent, I.: "ISCM. London" (zu "Présence"),
in: The Musical Times (London), Aug. 1971, S. 782

56 Bieneck, Horst: "Kommen wird der Tod. Erinnerungen an Bernd Alois Zimmermann.",
in: Frankfurter Allgemeine Zeitung vom 24.8.1970,
und in: Melos, Okt. 1970, S. 427-28

57 Bik, Elisabeth J.: zur Textstruktur des "Requiem für einen jungen Dichter",
in: Beilage zur Schallplatte "B.A. Zimmermann: 'Requiem für einen jungen Dichter, Lingual 1967-69'", hrsg. v. Kulturkreis im Bundesverband der Deutschen Industrie, Nr. 2891182 (1980)
(Nachdruck aus: "Amsterdamer Beiträge zur neueren Germanistik", siehe unter 'Labroisse, Gerd u.a.')

58 Billing, Klaus: zu B.A. Zimmermanns Klaviermusik, in: "Reclams Klaviermusikführer. Bd. 2", hrsg. von Werner Oehlmann, Stuttgart 1973, 2. Aufl., S. 994

59 Bitter, Christof: "Ein Gespräch mit Aloys Kontarsky", in: feedback papers 2, Köln 1971

60 d.s.: "B.A. Zimmermann 'Requiem für einen jungen Dichter'", in: Begleittext zur gleichnamigen Schallplatte, Kulturkreis der Deutschen Industrie e.V., Köln 1980, Nr. 2891182

61 Bitz, A.P.: "Saarbrücken: Neue Musik im Saarländischen Rundfunk." (zu Instrumentalwerken), in: Neue Zeitschrift für Musik 7/1973, S. 446-47

62 d.s.: "Saarbrücken: Fesselnde 'Musik im 20. Jahrhundert.'" (zu den "Antiphonen" für Viola und 25 Instrumentalisten), in: Neue Zeitschrift für Musik 8/1974, S. 504-06

63 Bockelmann, Peter: "Bernd Alois Zimmermann", in: Philharmonische Blätter 5/1972-73, S. 2-5

64 Bonte, H.G.: "Kritischer Funkbericht" (zur UA des Konzerts für Vc u. kl. Orchester), in: Neue Zeitschrift für Musik 3/1954, S. 157

65 Borris, Siegfried: "Bernd Alois Zimmermann: Die Soldaten.", in: Borris: "Die Oper im 20. Jahrhundert" II, Wolfenbüttel und Zürich: Möseler, 1973 (= Martens-Münnich: "Beiträge zur Schulmusik". Hrsg. v. W. Drangmeister u. H. Rauhe 26), S. 72-76

66 d.s.: "Über B.A. Zimmermanns 'Intervall und Zeit', Hrsg. Christof Bitter, Mainz 1974", in: Musik und Bildung 6/1975, S. 319

67 d.s.: "Komponist und Mitwelt. Der Komponist als Seismograph wider Willen", in: Musik und Bildung 11/1978, S. 701-706

68 Bowen, M.: "Contemporary" (zu "Présence"), in: Music and Musicians (London), Sept. 1971, S. 65

69 Brennecke, Wilfried: "Zimmermanns letztes Werk" (zur UA der Ekklesiastischen Aktion), in: Musica 6/1972, S. 573f.

70 d.s.: "Komponist und Interpret. Ein Brief von B.A. Zimmermann an Tiny Wirtz", in: Musica 4/1984, S. 323ff.

71 Briner, Andres: "Zürich. Sinnvoll gestörte Aktion - ein Zimmermmann-Konzert", in: Melos/Neue Zeitschrift für Musik 3/1977, S. 250-251

72 Brockhaus-Riemann Musiklexikon, Band 2, hrsg. von C. Dahlhaus und H.H. Eggebrecht, Wiesbaden/Mainz 1979, Artikel: "Zimmermann, Bernd (Bernhard) Alois", S. 719f.

73 Brockmann, Irmgard: "Bernd Alois Zimmermanns Zeitphilosophie und deren kompositorische Umsetzung", Vortrag (Manuskript)

74 Bucht, B.K.: "Operationsättarens dilemma" (zu "Die Soldaten"), in: Musikrevy (Stockholm), 1/1967, S. 19-20

75 Burde, W.: "Berlin" (zu "Musique pour les soupers du Roi Ubu"), in: Neue Zeitschrift für Musik, März 1968, S. 96

76 Burkhardt, W.: "Götz Friedrich inszenierte Zimmermanns 'Soldaten' in Hamburg.",
in: Das Orchester, Febr. 1977, S. 99-100

77 Cardew, C.: "Modern music has found its feet but on what low ground" (zu "Canto di speranza"),
in: The Musical Times (London), Sept. 1964, S. 674

78 Cullberg, B.L.: "Holland Festival mit Seitensprüngen vorwärts" (zum "Requiem für einen jungen Dichter"),
in: Neue Zeitschrift für Musik, Sept. 1971, S. 500-01

79 Dahlhaus, Carl: "Kugelgestalt der Zeit. Zu Bernd Alois Zimmermanns Musikphilosophie", in: Musik und Bildung 10/1978, S. 633-636

80 Danler, Karl Robert: "Aus dem Opernleben" (zu "Die Soldaten"),
in: Musica 2/1967, S. 63-64

81 d.s.: "Gespräch mit Bernd Alois Zimmermann",
in: Musica 4/1967, S. 180-82
auch erschienen unter dem Titel "Oper und technisches Theater",
in: Neue Musikzeitung, Regensburg, 1967

82 d.s.: "Mannheim" (zur UA der "Dialoge"),
in: Musikalische Jugend 2/1968, S. 2

83 d.s.: "Die Zukunft heißt Technik. Gespräch mit Bernd Alois Zimmermann", in: Publik 16/1969

84 d.s.: "Zimmermanns 'Soldaten' in Nürnberg - Eine exemplarisch vorbereitete Realisation", in: Das Orchester, Sept. 1974, S. 524-25

85 Dannenberg, Peter: "Beethoven, der Apolliniker" (zu Zimmermanns Sinfonie in einem Satz für großes Orchester),
in: Die Welt vom 7.1.1970,
und in: Das Orchester, Febr. 1970, S. 81

86 d.s.: "Mönch und Dionysos. Zum Tode des Komponisten Bernd Alois Zimmermann", in: Die Welt v. 13.8.1970

87 d.s.: "Testzyklus: Komponieren fürs Orchester" (zu der UA der Ekklesiastischen Aktion),
in: Neue Musikzeitung, Okt.-Nov. 1972, S. 4

88 Dean, W. u.a.: "Edinburgh" (zu "Die Soldaten"),
in: The Musical Times (London), Okt. 1972, S. 995-96

89 Deathridge, J.: "Munich" (zu "Die Soldaten"),
in: The Musical Times (London), Mai 1970, S. 526-27

90 Dibelius, Ulrich: "Bernd Alois Zimmermann",
in: "Moderne Kunst 1954-1965", München: Piper 1966, S. 28, 221, 229, 253-54, 357, 375

91 E. (gez.): "Indianische Schöpfungsgeschichte in Essen" (zur UA von "Alagoana"), in: Melos, Apr. 1956, S. 112-13

92 d.s.: "10 Jahre Bernd Alois Zimmermann",
in: Melos, Okt. 1962, S. 331

93 E. (gez.): "Virtuosen der Neuen Musik" (zur UA der "Monologe"), in: Melos, Febr. 1965, S. 55

94 Eimert, H.: "Köln: drei Szenen aus Zimmermanns Oper 'Die Soldaten'" (zur UA), in: Melos, Juli-August 1963, S. 251f.

95 d.s.: "'Die Soldaten' von Lenz als totales Musiktheater." (zur UA) in: Melos, April 1965, S. 125-28

96 Einfeldt, D.: "Neue Musik aus 18 Ländern" (zur UA des Concerto pour violoncelle et orchestre en forme de "pas de trois"), in: Das Orchester, Jan. 1970, S. 33-34 (Nachdruck aus den Flensburger Nachrichten)

97 Elvin, R.: "The Edinburgh Festival" (zu "Die Soldaten"), in: Musical opinion (Luton/Engl.), Okt. 1972, S. 10-12

98 Evett, Robert: "Bernd Alois Zimmermann: Sonate für Violine und Klavier", in: Notes (Washington), März 1955, S. 325

99 Evidon, R.: "Orchestral" (zu "Die Soldaten"), in: The Musical Times (London), Dez. 1978, S. 1064

100a Fabian, I.: "Eine Sternstunde neuen Musiktheaters - Zimmermanns 'Soldaten' in Hamburg", in: Opernwelt 1/1977, S. 11-12

100b Febel, Reinhard: "Musik für 2 Klaviere seit 1950 als Spiegel der Kompositionstechnik" (zu "Monologe"), Herrenberg 1978, S. 88-90

101 Federhofer, H.: "Zur Rezeption neuer Musik" (mit englischer und serbokroatischer Inhaltsangabe), in: International Review of the Aesthetics and Sociology of Music (Zagreb), 1/1972, S. 5-34

102 Fennelly, Brian: Rezension über B.A. Zimmermanns "Stille und Umkehr", in: Notes (Washington), 1/1972, S. 125

103 Fischer, Kurt von: "Transzendenz in der modernen Musik?", in: Reformation 2/1980, S. 87-94

104 Fösel, K.: "Nürnberger Abonnenten protestieren gegen Auftragswerk" (zur UA von "Stille umd Umkehr"), in: Melos, Mai 1971, S. 207

105 Fortner, Wolfgang: "Richard Wagners Wirkung auf die Späteren", in: Festschrift für einen Verleger. L. Strecker zum 90. Geburtstag", Hrsg. C. Dahlhaus, Mainz 1973, S. 178-90

106 Funk-Hennigs, Erika: "Zimmermanns Philosophie der Zeit - dargestellt an Ausschnitten der Oper 'Die Soldaten'", in: Musik und Bildung 10/1978, S. 644-652

107 Gaska, R.: "Kiel: Musik zu Wasser und zu Lande" (zur UA der Ekklesiastischen Aktion), in: Neue Zeitschrift für Musik, Nov. 1972, S. 648-50

108 Gerbracht, Wolfram: "Die Sinfonia prosodica von Bernd Alois Zimmermann", in: Kölner Universitätszeitung 6/1947, S. 105

109 d.s.: "'Konzert für Orchester' von Bernd Alois Zimmermann", in: Kölner Universitätszeitung 7/1947, S. 125

110 d.s.: "Zimmermanns Sinfonie in einem Satz unter Rosbaud im NWDR uraufgeführt", in: Melos 4/1952, S. 119

111 Gielen, Doris: "Die pluralistische Kompositionsmethode Bernd Alois Zimmermanns.",
Sendung des Hessischen Rundfunks v. 31.3.1969 (Manuskript)

112 Gielen, Michael und Rothärmel, Marion: Vorworte zu Werkverzeichnis Bernd Alois Zimmermann, Mainz: Schott, 1973

113 Goebel, W.F.: "Sechs neue Opern: Notizen zu Uraufführungen",
in: Österreichische Musikzeitung, Juli 1965, S. 362-63

114 Golea, A.: "Les caprices d'Euterpe" (zur UA der "Soldaten"),
in: Musica (Chaix), Nr. 112, Juli 1963, S. 35

115 Goodwin, N.: "Holland (Holland Festival)" (zu "Die Soldaten"),
in: Music and Musicians (London), Sept. 1971, S. 62

116 Gräter, Manfred: "Bernd Alois Zimmermann",
in: "Konzertführer Neue Musik", Frankfurt/M. 1955, S. 220

117 Grange, H.L. de la: "Paris" (zu "Photoptosis"),
in: Music and Musicians (London), Juli 1974, S. 58

118 Griffiths, Paul: "Music in London" (zu "Stille und Umkehr"),
in: The Musical Times (London), Febr. 1973, S. 163-64

119 d.s.: "Zimmermann, Mahler" (zu "Photoptosis"),
in: The Musical Times (London), Dez. 1973, S. 1255-56

120 d.s.: "Zimmermann, Bernd Alois",
in: Arnold, Denis (Hrsg.): "The New Oxford Companion to Music", Bd. 2
Oxford 1983, S. 2008

121 Gruhn, Wilfried: "'Integrale Komposition'. Zu B.A. Zimmermanns Pluralismus-Begriff",
in: Archiv für Musikwissenschaft 4/1983, S. 287-302

122 d.s.: "Zur Entstehungsgeschichte von Bernd Alois Zimmermanns Oper 'Die Soldaten'", in: Die Musikforschung 1/1985, S. 8-15

123 G.S. (gez.): "Ur- und Erstaufführungen von Zimmermann, Henze und Mihalovici", in: Österreichische Musikzeitung, Nov. 1958, S. 489

124 G.W.B. (gez.): "Zeitgenössische Komponisten. Bernd Alois Zimmermann",
in: Melos 11/1953, S. 319

125 Halbreich, Harry: "Requiem for a Suicide",
in: Music and Musicians (London), 9/1972, S. 40-48;
deutsch: "Bernd Alois Zimmermann",
in: Festschrift für einen Verleger. Ludwig Strecker zum 90. Geburtstag",
Herausgegeben von Carl Dahlhaus, Mainz 1973, S. 242ff.

126 Harewood, The Earl of (Hrsg./Revis.): "Bernd Alois Zimmermann - 'Die Soldaten'",
in: "Kobbe's Complete Opera Book", London 1976, 9. Aufl., S. 1112-1120

127 Harewood, L.: "Holland: Total theatre (zu "Die Soldaten"),
in: Opera (London), Herbst 1971, S. 79-82

128 Häusler, Josef: Essay "Bernd Alois Zimmermann",
in: Häusler: "Musik im 20. Jahrhundert. Von Schönberg zu Penderecki.",
Bremen: Schünemann, 1969, 2. Aufl., S. 434-440
Nachdruck dieses Essays unter dem Titel: "Bernd Alois Zimmermann und sein Werk für die zeitgenössische Musik",
in: Universitas 10/1973, S. 1117-1122

129 Hausswald, G.: "Forum der Musikwissenschaft" (zur UA des Impromptu für Orchester), in: Musica, Sept. 1958, S. 568

130 Heindrichs, Heinz-Albert: "Gestalten aus der Monochromie. Zimmermanns 'Photoptosis' in Gelsenkirchen." (zur UA),
in: Melos 3/1969, S. 221f.,
und in: Das Orchester Jg. 17, Mai 1969, S. 209

131 d.s.: "Musica Viva in Bochum" (zur Sonate für Viola solo),
in: Melos, Jan. 1971, S. 28

132 d.s.: "Vielfalt und Konzentration bei den Wittener Kammermusiktagen 1971" (zu "Monologe"), in: Melos, Juli-Aug. 1971, S. 301

133 Heinemann, R.: "Das neue Musiktheater zwischen Absurdität und Engagement", in: Melos, Okt. 1970, S. 406-12

134 Hellwig, G.: "Bernd Alois Zimmermann (1918-70) - Die Soldaten",
in: "Der neue Opern- u. Operettenführer", Freiburg 1984, 4. Aufl.,
S. 198-99

135 Helm, E.: "Donaueschingen Festival tame affair" (zur Sonate für Viola solo), in: Musical America (New York), 15. Nov. 1955, S. 14

136 d.s.: "Donaueschingen Festival: where do we go from here?" (zur UA der Sonate für Viola solo), in: Music Review (Cambridge), Febr. 1956, S. 89

137 Herbort, Heinz Josef: "Lenz Soldaten zogen in den Zwölftonkrieg. Uraufführung einer Oper von B.A. Zimmermann bei den Städtischen Bühnen Köln", in: Die Zeit, Nr. 8/1965, S. 13

138 d.s.: "Kugelgestaltige Zeit. Bernd Alois Zimmermann, der Komponist der 'Soldaten'". in: Musica 1/1969, S. 5-7,
und in: Musica 1/1973, S. 30ff.

139 d.s.: "B.A. Zimmermann: 'Die Soldaten'",
in: Musik und Bildung 11/1971, S. 539-548
(= Nachdruck des Textes zur Wergo-Aufnahme der Oper, WER 60030).

140 Herrmann, J.: "Exotik und Mathematik" (zum Konzert für Trompete und Orchester "Darkey's Darkness"), in: Musica, Apr. 1957, S. 205-06

141 Herzfeld, Friedrich: "Zimmermann, Bernd-Alois",
in: "Ullstein Lexikon der Musik. Ein Handbuch für den Alltag",
Frankfurt (u.a.) 1973, 6. Aufl., S. 624

142 Höller, York: "Bernd Alois Zimmermann - Mönch und Dionysos". 1985 (Manuskript)

143 Honegger, Marc (Hrsg.): "Zimmermann, Bernd Alois",
in: "Dictionnaire de la Musique" Bd. II, o.O. 1970, S. 1197

144 Honolka, K.: "Moderne Klassik und Experimente" (zur UA der Sonate für Cello solo), in: Musica, Juni 1960, S. 367

145 Hruby, F.: "Cleveland Orchestra: Zimmerman première." (zu "Stille und Umkehr"), in: High Fidelity/Musical America (Cincinnati), Juli 1975, S. 30-31 (M.A.)

146 Hübler, Klaus-K.: "Zimmermann the Conservative. Anmerkungen zu seiner Viola-Sonate.", in: Musik und Bildung 6/1981, S. 360-365

147 Imhoff, Andreas von: "Warum Zimmermann in seinen letzten drei Klavierwerken für zwei Klaviere schrieb", in: Melos 1/1973, S. 30ff.

148 d.s.: "Der frühe Bernd Alois Zimmermann", in: Melos/Neue Zeitschrift für Musik 5/1975, S. 359ff.

149 d.s.: "Untersuchungen zum Klavierwerk Bernd Alois Zimmermanns (1918-1970)", in: "Kölner Beiträge zur Musikforschung, Bd. 83, Regensburg 1976, auch: Dissertation an der Philos. Fakultät Köln 1976

150 d.s.: "Zimmermanns außermusikalische Quellen", in: Musik und Bildung 10/1978, S. 636-640

151 d.s.: "Bernd Alois Zimmermann: Zur Entwicklung der 'Konfigurationen' für Klavier", in: "Bericht über den Internationalen Musikwissenschaftlichen Kongress Berlin 1974", Hrsg. H. Kühn u. P. Nitsche, Kassel 1980

152 d.s.: Komponistenportait und Werkeinführungen zu: "Musique pour les soupers du Roi Ubu", "Photoptosis", "Monologe", "Vier kurze Studien" und "Stille und Umkehr", in: Beiheft zu Schallplatte Harmonia Mundi/Deutscher Musikrat HM/DMR 1013-15 (Bonn 1984)

153 Ingenhütt, Martin: "B.A. Zimmermanns Sonate für Violoncello-Solo - eine Analyse", in: Feedback Papers, Heft 31 und 32, Köln 1983

154 Just, Klaus Günther: "Das deutsche Opernlibretto", in: Poetica 7/1975, S. 203-20

155 Kaempfer, Walther: zu Bernd Alois Zimmermanns Kammermusik, in: "Reclams Kammermusikführer" hrsg. von Hans Renner, Stuttgart 1976, 8. Aufl., S. 843f.

156 Kaiser, Hermann-Josef: "Augustinus. Zeit und Memoria.", in: Reihe "Abhandlungen zur Philosophie, Psychologie u. Pädagogik", Bd. 67, Bonn: Bouvier, 1969

157 Kanski, J.: "Deutsche Oper am Rhein z wizyta w Warszawie" (zu "Die Soldaten"), in: Ruch Muzyczny (Warschau), 22/1971, S. 12-13

158 Karbaum, Michael: "Zur Verfahrensweise im Werk Bernd Alois Zimmermanns", in: "De ratione in musica". Festschrift für Heinrich Schenk zum 5.5.1972. Herausgegeben von Theophil Antonicek, Rudolf Flotzinger und Othmar Wessely, Kassel, Basel, London 1975, S. 275ff.

159 Karkoschka, E.: "Stuttgarter Musikfest von Berg zur Avantgarde" (zur UA der Sonate für Cello solo), in: Melos, Juli/August 1960, S. 237

160 Kaupert, A.: "Hamburg: Zimmermann - 'Soldaten'", in: Die Bühne Nr. 220, Jan. 1977, S. 25

161 Kennedy, Michael: "Zimmermann, Bernd Alois",
in: Kennedy, M.: "The Oxford Dictionary of Music", Oxford 1985, S. 808

162 Kesting, J.: "Opera after the catastrophe (Hamburg)" (zu "Die Soldaten"), in: Opera (London), Mai 1977, S. 434-40

163 Kiesewetter, Peter: "Bernd Alois Zimmermann: Musique pour les soupers du Roi Ubu", in: Melos 1/1985, S. 28-59

164 Kirchberg, Klaus: "'Omnia tempus habent'. Ein Rückblick auf das Werk Bernd Alois Zimmermanns.", Sendungen des Hessischen Rundfunks v. 18.6.1971 u. 2.7.1971 (Manuskript)

165 d.s.: "'Omnia tempus habent'. Ein Rückblick auf das Werk Bernd Alois Zimmermanns",
in: Neue Musik in der Bundesrepublik Deutschland". Dokumentation 1971/72-1972/73. Herausgegeben von Wilfried Brennecke, Köln 1974, S. 35ff.

166 d.s.: "Zimmermanns Instrumente des musikdenkenden Geistes".
in: Melos 3/1974, S. 151ff.

167 Kirchmeyer, Helmut u. Schmidt, Hugo Wolfram: "Bernd Alois Zimmermann. Leben und Werk. Neue Aspekte der Oper. Die Klangkugel.",
in: "Die Garbe. Musikkunde Teil 4: Aufbruch der jungen Musik",
Köln: Gerig 1970, S. 48-53

168 Kloiber, Rudolf: Werkbeschreibung zu Zimmermanns "Die Soldaten",
in: "Handbuch der Oper. Bd. 2", Kassel (u.a.)/München: Bärenreiter/dtv, 1978, 9. Aufl., S. 748-56

169 Koch, G.R.: "Tage zeitgenössischer Musik" (zu "Dialoge"),
in: Musica 3/1968, S. 185

170 d.s.: "Zimmermanns neues Cellokonzert" (zur UA des Concerto pour violoncelle et orchestre en forme de "pas de trois"),
in: Musica 4/1968, S. 266

171 d.s.: "Der dritte Versuch; Zimmermanns Soldaten an der Münchener Oper.", in: Neue Musikzeitung 2/1969, S. 14

172 d.s.: "'Die Soldaten' ohne Schock", in: Musica 3/1969, S. 252-54

173 d.s.: "B.A. Zimmermann; zum Tode des Komponisten.",
in: Neue Musikzeitung 5/1970, S. 5

174 d.s.: "Zimmermanns 'Soldaten' (Nürnberg).",
in: Musica 5/1974, S. 447-48

175 Koegler, Horst: "For a theatre yet to be built..." (zur UA der "Soldaten"), in: Opera (London), April 1965, S. 256-258

176 d.s.: " News from Germany" (zur UA der "Soldaten"),
in: Opera News (New York), Heft 1, Mai 1965, S. 31

177 d.s.: "Bernd Alois Zimmermann. Eine rheinische Mischung aus Sinnenfreude und Askese.", in: "Rheinischer Merkur" v. 25.8.1967

178 d.s.: "Drei Zimmermann-Ballette", in: Musica 4/1968, S. 305-07

179 Koegler, Horst u. Günther, Helmut: "Zimmermann, Bernd Alois", in: "Reclams Ballettlexikon", Stuttgart 1984, S. 501

180 Kondracki, M.: "'Jesienne' przedwiosnie" (zu "Die Soldaten"), in: Ruch Muzyczny (Warschau), 22/1971, S. 9-11

181 Kumpf, Hans: "Jazz und Avantgarde", in: Musik und Bildung 10/1977, S. 521-25

182 Konold, Wulf: "Olympische Spiele in Kiel" (zur UA der Ekklesiastischen Aktion), in: Melos 6/1972, S. 356-58

183 d.s.: "Zimmermann-Aspekte, Anmerkungen zu Persönlichkeit und Werk", in: Musik und Bildung 10/1978, S. 630-633

184 d.s.: Werkeinführung zu "Die Soldaten", Vokal-Sinfonie, in: Beiheft zur Schallplatte Harmonia Mundi/Deutscher Musikrat HM/DMR 1007-09 (Bonn 1983)

185 Krellmann, Hanspeter: "Musik der Zeit" (zur UA von "Intercomunicazione"), in: Musica 4/1967, S. 163

186 d.s.: "Nicht nur ein Sprachlaboratorium" (zur UA des "Requiem für einen jungen Dichter"), in: Neue Musikzeitung 1/1970, S. 5

187 d.s.: "Düsseldorf" (zum "Requiem für einen jungen Dichter"), in: Schweizerische Musikzeitung 1/1970, S. 45-46

188 d.s. "B.A. Zimmermanns Requiem" (zur UA des "Requiem für einen jungen Dichter"), in: Musica 2/1970, S. 155-56

189 d.s.: "Bernd Alois Zimmermann †", in: Musica 5/1970, S. 485-87

190 d.s.: "Ein Zimmermann-Memorial in Köln", in: Neue Muskzeitung, Dez. 1972, S. 4

191 Kröll, Georg: "Bernd Alois Zimmermann - Komponist und Lehrer", Vortrag in der Staatlichen Hochschule f. Musik Köln v. 14.5.1968 (Manuskript)

192 d.s.: Werkeinführungen zu Concerto pour violoncelle et orchestre en forme de "pas de trois", "Photoptosis" und "Tratto II"; Begleittext zu Schallplatte Wergo WER 60062

193 Krüger, W.: "Internationale Gesellschaft für Musikwissenschaft in Köln" (zur UA des Impromptu für Orchester), in: Neue Zeitschrift für Musik, Okt. 1958, S. 606

194 Kühn, Clemens: "Das Zitat in der Musik der Gegenwart", Hamburg 1972

195 d.s.: "Bernd Alois Zimmermann: Photoptosis. Ein Blick auf das Zitat in der Kunst der Gegenwart". in: Musik und Bildung 2/1974, S. 109ff.

196 d.s.: "Bernd Alois Zimmermann. Ein Abriß" in: Musik und Bildung 10/1978, S. 629-630

197 d.s.: Zu den Solosonaten Bernd Alois Zimmermanns in: Musik und Bildung 10/1978, S. 641-644

198 d.s.: "Die Orchesterwerke Bernd Alois Zimmermanns". in: "Schriftenreihe zur Musik" Bd. 12, Hamburg 1978, S. 175

199 Kühn, Clemens: "Zimmermann, Bernd (Bernhard) Alois", in: "Das Große Lexikon der Musik" Bd. 8, hrsg. v. M. Honegger u. G. Massenkeil, Freiburg (u.a.): Herder, 1982, S. 408

200 d.s.: Komponistenportrait und Werkeinführung zum Konzert für Violine u. gr. Orchester
in: Beiheft zur Schallplatte Harmonia Mundi/Deutscher Musikrat HM/DMR 1004-06 (Bonn 1982)

201 d.s.: Komponistenportrait,
in: Beiheft zur Schallplatte Harmonia Mundi/Deutscher Musikrat HM/DMR 1007-09 ("Die Soldaten", Vokal-Sinfonie) (Bonn 1983)

202 d.s.: "B.A. Zimmermann - ein exemplarischer Fall?", in: "Die Musik der fünfziger Jahre", Mainz, 1985

203 Labroisse, Gerd/ Bik, Elisabeth/ Mercks, Kees/ Hattum, Marinus van: "Texte und Textbehandlung in Bernd Alois Zimmermanns Lingual 'Requiem für einen jungen Dichter'",
in: "Amsterdamer Beiträge zur neueren Germanistik.", hrsg. v. Gerd Labroisse. Amsterdam: Editions Rodopi NV 1976 Bd. 5, S. 65-130
(siehe auch 'Bik, Elisabeth J.')

204 Lehr, Wilhelm: "Ein Vergleich von Melodie und Zeitgestalt. Für den Unterricht: Werke von Penderecki und Zimmermann analysiert.",
in: Neue Musikzeitung 3/1981, S. 15-16

205 ler (gez.): "Mikrophon-Premieren" (zu "Canto di speranza"),
in: Musica, Nov. 1958, S. 689

206 Lewinsky, W.E. von: "Zimmermanns 'Soldaten'". (zur UA),
in: Musica 3/1965, S. 170

207 d.s.: "Germany" (zur UA der "Soldaten"),
in: The Musical Quarterly (New York), 3/1965, S. 555-58

208 d.s.: "Germany" (zum Konzert für Oboe und kleines Orchester),
in: The Musical Quarterly (New York), 1/1968, S. 106-07

209 d.s.: "Neue Experimente in Wiesbaden und Frankfurt" (zur UA der "Vier kurzen Studien"), in: Melos, Mai 1971, S. 203

210 Lichtenfeld, Monika: "Zimmermann, Bernd Alois",
in: "Rheinische Musiker" V, Hrsg. K.G. Fellerer, Köln 1967, S. 136

211 d.s.: "Mini-Festival in Köln" (zur UA von "Intercomunicazione"),
in: Melos, Juli-August 1967, S. 263

212 d.s.: "Kölner Dozenten und Studenten im Dienst der modernen Musik." (zu "Tratto"), in: Melos, Jan. 1968, S. 26

213 d.s.: "Pendereckis Memento an Auschwitz in Köln" (zu "Canto di speranza"), in: Melos, Mai 1968, S. 214

214 d.s.: "Kölns Musikhochschule brilliert in Musica-viva-Woche" (zu "Photoptosis"), in: Melos, Febr. 1970, S. 59

215 d.s.: "Konzertbesucher schlendern durch das Kölner Funkhaus" (zu "Présence"), in: Melos, Juni 1970, S. 240

216 Lichtenfeld, Monika: "Zimmermann, Bernd-Alois", in: Musik in Geschichte und Gegenwart" (Supplement E-Z), hrsg. v. Friedrich Blume, Kassel (u.a.) 1979, Bd. 16, Spalte 1984

217 d.s.: Erläuterungen zu "Monologe" und "Perspektiven", Begleittext zu Schallplatte Deutsche Grammophon DG 2531102, (Hamburg 1981)

218 Limmert, Erich: "Volksbühne Hannover setzt sich für neue Musik ein. Kantaten von Liebermann und Zimmermann", in: Melos 5/1954, S. 148

219 d.s.: "Abwechslungsreiche Tage für Neue Musik in Hannover" (zu "Canto di speranza"), in: Melos, April 1962, S. 331

220 d.s.: "Zimmermanns 'Soldaten' machen in Kassel Furore", in: Melos, Dez. 1969, S. 479-80

221 d.s.: "Musikmesse mit Überangebot in Hannover" (zu "Dialoge"), in: Melos, März 1970, S. 102

222 d.s.: "Zimmermanns 'Intercomunicazione' erregt Hannover", in: Melos, Dez. 1971, S. 533-34

223 d.s.: "Hannover: Albrechts Sonderkonzert moderner Musik im Opernhaus" (zu "Stille und Umkehr"), in: Das Orchester, Apr. 1972, S. 199

224 Lindemann, Klaus und Niehaus, Manfred: "Bernd Alois Zimmermann. Leben - Werk - Zeitgenossen.", Dokumentation WDR/Westdeutsches Fernsehen. o.O. (Köln), o.J. (1972) (Manuskript)

225 Lindlar, H.: "Musik in unserer Zeit" (zur UA von "Omnia tempus habent"), in: Musica, Jan. 1959, S. 54-55

226 d.s.: "Musikdialoge" (zur UA der "Dialoge"), in: Musica, Febr. 1961, S. 80-81

227 d.s.: "Deutsche Komponisten der Gegenwart" (Portrait zu Zimmermann), in: Musikhandel 2/1962, S. 65

228 d.s.: "Paukenwirbel und Soldatenhure", in: Musica 4/1963, S. 171

229 d.s. (Hrsg.): "Zimmermann, Bernd Alois", in: rororo Musikhandbuch" Bd. 2, Reinbek b. Hamburg 1973, S. 686

230 Lissa, Zofia: "Ästhetische Funktionen des musikalischen Zitats.", in: Die Musikforschung 4/1966, S. 364-378

231 Livingston, H.: "Bernd Alois Zimmermann: Enchiridion", in: Notes (Washington), März 1955, S. 332

232 Lloyd, Norman, Hrsg.: "Zimmermann, Bernd Alois", in: "Großes Lexikon der Musik", Gütersloh 1978, 2. Aufl., S. 683-84

233 Lockwood, Larry Paul: "Music Reviews: orchestral music" (zu "Musique pour les soupers du Roi Ubu"), in: Notes (Washington), Heft 1 (Sept.) 1977, S. 198-99

234 Lohmüller, H.: "Zimmermanns 'Soldaten' in München als Situationsbericht", in: Melos, Mai 1969, S. 218-20

235 Loney, Glenn M. (New York): "America can't see this opera", in: After Dark, Nov. 1969, S. 55-57

236 Loney, G.: "Munich: Opera festival" (zu "Die Soldaten"), in: High Fidelity/Musical America (Cincinnati), Okt. 1970 S. 28-29 (M.A.)

237 Loskill, J.: "Kagel und Zimmermann (Krefeld)." (zu "Musique pour les soupers du Roi Ubu"), in: Opernwelt 9/1978, S. 38

238 Lowens, I.: "Choral performances" (zur UA der Ekklesiastischen Aktion), in: American Choral Review (New York), 1/1974, S. 21-23 (Nachdruck aus den Washington Star-News)

239 Lück, Rudolf: "Werkstattgespräche mit Interpreten Neuer Musik.", Köln: Gerig, 1971

240 Lüttwitz, Heinrich von: "Bernd Alois Zimmermann - 'Enchiridion'", in: Musica 1/1950, S. 25

241 d.s.: "Musik der Zeit für den Bildschirm" (zur UA von "Intercomunicazione"), in: Musikalische Jugend 3/1967, S. 2

242 d.s.: "Zimmermann 'schießt' Trophäen; 'Roi Ubu', und andere Ballette.", in: Neue Zeitschrift für Musik, Juni 1968, S. 242-43

243 d.s.: "Düsseldorf: B.A. Zimmermanns 'Soldaten'", in: Neue Zeitschrift für Musik, Mai 1971, S. 260-62

244 d.s.: "Bernd Alois Zimmermanns Vermächtnis. Konzert des WDR." (zur Ekklesiastischen Aktion), in: Neue Zeitschrift f. Musik 1/1973, S. 30-31

245 d.s.: "Bernd Alois Zimmermann: 'Requiem für einen jungen Dichter'. Texte.", in: Melos/Neue Zeitschrift für Musik 1/1974, S. 12-22

246 d.s.: "'Und das Verjagte...' Zur Funktion der Collagen in Bernd Alois Zimmermanns Zeitkugel", in: "Jahresring 79-80", Literatur und Kunst der Gegenwart, Stuttgart 1979, S. 311-316

247 Maehder, Jürgens: "Intellektualisierung des Musiktheaters - Selbstreflexion der Oper", in: Neue Zeitschrift für Musik 4/1979, S. 342-49

248 Marx-Weber, Magda: Rezension zu "Die Soldaten" (Hamburg 1976), in: Schweizerische Musikzeitung 1/1977, S. 35-36

249 Meyers Handbuch über die Musik, Mannheim 1961, 2. Aufl., S. 992, bzw. Mannheim 1971, 4. Aufl., S. 953 (dasselbe), Artikel: "Zimmermann, Bernd Alois"

250 Mies, Paul: "Rheinische Musiker: Bernd Alois Zimmermann", in: Mitteilungen der Arbeitsgemeinschaft für rheinische Musikgeschichte, 3/1956, S. 45f.

251 Mitchell, D.: "Some first performances" (zur UA der Sonate für Vl. u. Kl.), in: The Musical Times (London), Apr. 1954, S. 202

252 Monnikendam, M.: "Het tiende muziekfest te Royan." (zur Sonate für Cello solo), in: Mens en Melodie (Utrecht), Juni 1973, S. 170-72

253 Moor, P.: "Zimmermann's 'The Soldiers'", in: High Fidelity/Musical America, Jan. 1978, S. 35-36 (M.A.)

254 Motte, Diether de la: "Kontrapunkt" (zu "tempus loquendi..."), Kassel (u.a.): dtv/Bärenreiter, 1981, S. 367

255 Müller, Karl-Josef: "Bernd Alois Zimmermann: 'Photoptosis, Prélude für großes Orchester'", in: "Perspektiven Neuer Musik". Materialien und didaktische Informationen. Hrsg. von Dieter Zimmerschied Mainz 1974, S. 309ff.

256 d.s.: "Erleben und Messen. Zu Bernd Alis Zimmermanns Anschauung der Zeit in seinen letzten Werken", in: Musik und Bildung 10/1977, S. 550-554

257 Müller, Paul: "Uraufführung von Zimmermanns Lenz-Oper 'Die Soldaten'",
in: Neue Zeitschrift für Musik, April 1965, S. 159-160,
in: Musik im Unterricht 5/1965, S. 157-158,
in: Das Orchester 13/1965, S. 182-183

258 Müllmann, B.: "Gewagt und viel gewonnen: Zimmermanns 'Soldaten' in ihrer zweiten Inszenierung.", in: Neue Zeitschrift für Musik, Dez. 1968, S. 506-09

259 d.s.: "Die Kirche als musikalisches Forum" (zu "Omnia tempus habent"), in: Neue Zeitschrift für Musik, Juni 1969, S. 272

260 d.s.: "Bad Hersfeld" (zu "Canto di speranza"), in: Neue Zeitschrift für Musik, Okt. 1969, S. 440

261 d.s.: "Bad Hersfeld - Enklave für die Moderne" (zu "Canto di speranza"), in: Melos, Okt. 1969, S. 431-32

262 Münstermann, H.J.: "Neue Werke von Zimmermann und Stockhausen beleben Düsseldorfs Musikleben" (zur UA des "Requiem für einen jungen Dichter"), in: Melos, Febr. 1970, S. 57

273 d.s.: "Die Rhein-Oper zeichnet sich mit Zimmermanns 'Soldaten' aus.", in: Melos, Juni 1971, S. 246-48

274 Muery, A.: "Basel: Zimmermanns 'Soldaten' konzertant." in: Schweizerische Musikzeitung 2/1974, S. 96

275 Muggler, Fritz: "Zeitgenössiche Musik in Darmstadt.", in: Schweizerische Musikzeitung 1964, S. 312-313

276 d.s.: "Das Luzerner Festival unter neuen Auspizien" (zu "Monologe"), in: Melos, Nov. 1970, S. 468

277 Musikalische Jugend: "Oper und technisches Theater. MJ-Gespräch mit Bernd Alois Zimmermann.", in: Musikalische Jugend 2/1967, S. 4

278 Neubauer, S.: "Zimmermanns 'Soldaten' in Hamburg", in: Opernwelt, Jahrbuch 1977, S. 103-04

279 Niehaus, Manfred: "Monologe für zwei Klaviere", in: "Die Garbe" Bd. 4, Köln 1970, S. 224

280 Northcott, B.: "Modern proms" (zu "Canto di speranza"), in: Music and Musicians (London), Nov. 1972, S. 70

281 Oehlmann, W.: "Fernsehoper" (zu "Die Soldaten"), in: Opernwelt 12/1967, S. 14

282 Oesch, H.: "Zwischen Komposition und Improvisation", in: "Die Musik der sechziger Jahre", Mainz 1972, S. 39

283 Orga, A.: "London Premières" (zu "Photoptosis"), in: Music and Musicians (London), Dez. 1973, S. 68

284 Paap, W.: "Holland Festival 1971" (zu "Die Soldaten" und "Requiem für einen jungen Dichter"), in: Mens en Melodie (Utrecht), Aug.-Sept. 1971, S. 245-46

285 Pape, Winfried: "Bemerkungen zum heutigen Violoncellspiel. Ein Gespräch mit Siegfried Palm.", in: Musik und Bildung 6/1975, S. 296-299

286 Pflicht, Stefan: "Bernd Alois Zimmermann *1918 †1970", in: "Mosaik Opernführer Konzertführer", München 1979, S. 483-84

287 Potter, K.: "Avantgarde" (zu "Stille und Umkehr"), in: Music and Musicians (London), Apr. 1973, S. 68

288 Pozajic, M.: "Dani muzike u Kasselu 1968" (zu "Die Soldaten"), in: Zvuk (Sarajevo), 90/1968, S. 660

289 Prieberg, Fred K.: zu B.A. Zimmermann, in: "Lexikon der neuen Musik", Freiburg/München 1958, S. 457

290 Regler-Bellinger, Dr. B./ Schenck, W./ Wiking, H.: "Bernd Alois Zimmermann - die Soldaten", in: "Knaurs großer Opernführer", Hrsg. Dr. Brigitte Regler-Bellinger, München 1983, S. 607-611

291 Regnitz, Hartmut (Rev.):
"Die Befragung" (Choreographie zur Sonate für Cello solo), S. 77-82,
"Concerto pour violoncelle et Orchestre...", S. 125-27,
"Musique pour les soupers du Roi Ubu", S. 401-05,
"Présence", S. 482-85,
in: "Reclams Ballettführer", Stuttgart 1985, 9. Aufl.

292 Reich, W.: "Bernd Alois Zimmermann", in: "Mitteilungen der Arbeitsgemeinschaft für Rheinische Musikgeschichte", Köln 1956, S. 45

293 Renner, Hans: "Zimmermann - Die Soldaten", in: "Oper Operette Musical", München 1973, 2. Aufl., S. 480-82, dass. in: "Renners Führer durch Oper Operette Musical", München 1979, S. 480-82

294 Riemann Musiklexikon, Personenteil, 12. Aufl., hrsg. v. W. Gurlitt, Mainz 1961, Artikel: "Zimmermann, Bernd-Alois", S. 969

295 Riemann Musiklexikon, Personenteil, Ergänzungsband, hrsg. v. C. Dahlhaus, Mainz 1975, Artikel: "Zimmermann, Bernd (Bernhard) Alois", S. 952

296 Rienäcker, Gerd (Berlin, DDR): "Musizieren im Theater und neue Musikentwicklung",
in: "Musikbühne 74. Probleme und Informationen", Hrsg. Horst Seeger, Berlin 1974, S. 83-97

297 Rochberg, George: "B.A. Zimmermann: 'Perspektiven'",
in: Notes (Washington), März 1957, S. 198

298 Rosenthal, H., u.a.: "Edinburgh: Paper promises." (zu "Die Soldaten"), in: Opera (London), Herbst 1972, S. 39-47

299 Rothärmel, Marion: "Bernd Alois Zimmermann",
in: Programmheft der Deutschen Oper am Rhein, Spielzeit 1967/68

300 d.s.: "Der pluralistische Zimmermann", in: Melos 3/1968, S. 96-102

301 d.s.: "Zimmermann, Bernd Alois",
in: "The New Grove Dictionary of Music and Musicians", Bd. 20, Hrsg. Stanley Sadie, London 1980, S. 687

302 Rothärmel, Marion und Gielen, Michael: Vorworte zu Werkverzeichnis Bernd Alois Zimmermann, Mainz: Schott, 1973

303 Rothon, G.: "Munich's 'Die Soldaten'."
in: Opera (London), Juli 1969, S. 592-96

304 Ruppel, K.H.: "Bernd Alois Zimmermanns 'Soldaten' in Köln",
in: Theater heute 4/1965, S. 9-13

305 Sandner, W.: "Köln: Bernd Alois Zimmermann in memoriam",
in: Das Orchester, Jan. 1973, S. 22

306 Savage, R.: "Deutsche Oper" (zu "Die Soldaten"),
in: Music and Musicians (London), Dez. 1972, S. 59-60

307 Schaefer, H.: "Quo vadis? Musikalischer Streifzug durch die Westberliner Festwochen.", (zur UA der "Fünf Antiphonen für Vla. u. kl. Orchester"), in: Musik und Gesellschaft (Berlin Ost), Dez. 1965, S. 839f.

308 Schelp, A.: "B.A. Zimmermann en zihn opera 'Die Soldaten'.",
in: Mens en Melodie (Utrecht), Juni 1971, S. 171-74

309 Schiffer, B.: "The Music Festival of the ISCM" (auch deutsch) (zu "Présence"),
in: Sonorum Speculum (Amsterdam) Nr. 47, Sommer 1971, S. 30

310 Schleicher, F.: "Bayreuth: Internationales Jugendfestspieltreffen 1973." (zum Impromptu für Orchester),
in: Neue Zeitschrift für Musik 10/1973, S. 661-62

311 Schmidt, Christian-Martin: Werkeinführung zu "Présence" (Nr. 2 u. 3),
in: Begleittext zur Schallplatte "Die neue Musik und ihre neuesten Entwicklungen", Opus Musicum 116-18, Köln: Gerig 1976

312 d.s.: "Brennpunkte der Neuen Musik. Historisch-Systematisches zu wesentlichen Aspekten", Reihe: Musik-Taschenbücher, Theoretica 16, Köln 1977

313 Schmidt, D.N.: "Oper, ein Abenteuer der Technik und Theorie - Zimmermanns 'Soldaten' in Nürnberg.", in: Opernwelt 9/1974, S. 32-33

314 Schmidt, H.: "Orff und Zimmermann" (zur UA von "Alagoana"), in: Musica, Febr. 1956, S. 138

315 Schmidt, Jochen: "König Ubu am grünen Tisch. Zimmermann-Uraufführung im Düsseldorfer Ballettabend", in: Frankfurter Allgemeine Zeitung v. 3. Mai 1968

316 Schmidt-Garre, Helmut: "Messiaen in München" (zum Konzert für Trompete und Orchester "Darkey's Darkness"), in: Melos, Mai 1957, S. 145

317 d.s.: "München" (zu "Die Soldaten"), in: Neue Zeitschrift für Musik, Mai 1969, S. 206-08

318 d.s.: "Mit der Vielfalt leben: B.A. Zimmermanns 'Soldaten' an der Bayrischen Staatsoper München.", in: Das Orchester, Juni 1969, S. 259-61

319 d.s.: "München: Reichgefächerte Musica Viva" (zum Concerto pour violoncelle et orchestre en forme de "pas de trois"), in: Melos/Neue Zeitschrift für Musik 2/1975, S. 115-16

320 d.s.: "München. Breit gefächerte Musica Viva." (Zur Ekklesiastischen Aktion), in: Melos/Neue Zeitschrift für Musik 3/1976, S. 213f.

321 Schneiders, H.L.: "Fernsehen: Bernd Alois Zimmermann, 'Die Soldaten'.", in: Neue Zeitschrift für Musik, Apr. 1967, S. 138-40

322 Schott-Verlag, Mainz: "Bernd Alois Zimmermann - Werkverzeichnis" (mit Vorworten von M. Rothärmel und M. Gielen), Mainz: Schott, 1973

323 Schreiber, Ulrich: "Wuppertal: Gut gemeint." (zum Concerto pour violoncelle et orchestre en forme de "pas de trois"), in: Opernwelt 7/1968, S. 39

324 d.s.: "Requiem eines Komponisten; zum Tode von Bernd Alois Zimmermann.", in: HiFi Stereophonie, Okt. 1970, S. 884

325 d.s.: "Zimmermann, B.A.", in: "Schallplatten Klassik/Auslese", Karlsruhe 1977, S. 304

326 Schröter, Heinz: "In memoriam Bernd Alois Zimmermann." Gedenkworte anläßlich des Konzertes der Staatl. Hochschule f. Musik Köln am 4.11.1970 mit Werken von Bernd Alois Zimmermann (Manuskript)

327 Schubert, Reinhold: "Zimmermanns Cellokonzert in Köln", in: Melos 2/1954, S. 49

328 d.s.: "Bielefelder Jubiläumspremieren: Ballette von Zimmermann und Haletzki, Cellokonzert von Henze", in: Das Musikleben 6/1954, S. 223

329 d.s.: "Junge Komponisten. Bernd Alois Zimmermann. Bericht über die 'Perspektiven'.", in: "die Reihe 4", hrsg. v. H. Eimert u. Kh. Stockhausen, Wien (u.a.): Universal Eidition, 1958, S. 103-112

330 Schumann, Otto: "Bernd Alois Zimmermann - Die Soldaten", in: O. Schumann/V. Kreiner: "Handbuch der Oper", Wiesbaden 1977, 11. Aufl., S. 815-20

331 Schweizer, Klaus: "Bernd Alois Zimmermann", in: "Reclams Konzertführer", hrsg. von Hans Renner, Stuttgart 1978, 11. Aufl., S. 787ff.

332 Schwinger, Wolfram: "Zimmermanns 'Soldaten'", in: Musica 1/1969, S. 23-24

333 d.s.: "Ein Meisterwerk hat sich durchgesetzt" (zu "Die Soldaten"), in: Opernwelt 5/1969, S. 18-19

334 d.s.: "Der explosive Asket. Zum Tod von Bernd Alois Zimmermann.", in: Die Zeit v. 21.8.1970

335 d.s.: "Vierte Premiere der 'Soldaten'", in: Musica 3/1971, S. 272-74

336 d.s.: "Tage zeitgenössischer Musik" (zu "Intercomunicazione"), in: Musica 4/1972, S. 358-60

337 d.s.: "B.A. Zimmermann in memoriam (Köln).", in: Musica 1/1973, S. 37-38

338 Seipt, Angelus: "Bernd Alois Zimmermann: Die Soldaten.", in: Hans Vogt: "Neue Musik seit 1945.", Stuttgart: Reclam, 1972 , S. 360-370

339 Siedentopf, Henning: "Die Neue Musik und die Collage. Zu Form und Sprache gegenwärtiger Komponisten", in: Universitas 1/1974, S. 75-82

340 Spies, Marcus: "Verlegte Stimmen", in: Programmheft "Die Soldaten", Frankfurt 1981

341 Spingel, H.O.: "Premiera Zimmermanovych 'Voyaku'", in: Hudebni Rozhledy 8/1965, S. 346

342 d.s.: "Journal des Monats" (zu "Die Soldaten"), in: Opernwelt 9/1968, S. 13-14

343 d.s.: "Apokalypse auf hessische Art" (zu "Die Soldaten"), in: Opernwelt 12/1968, S. 26-27

344 d.s.: Nachruf, in: Opernwelt 9/1970, S. 11

345 Steinecke, W.: "Tage zeitgenössischer Musik; Alban Berg im Mittelpunkt" (zur UA von Zimmermanns Sonate für Cello solo), in: Zeue Zeitschrift für Musik, Juni/Juli 1960, S. 215-16

346 Stoeckl, R.: "Nürnberg: Avantgardisten im Dürer-Jahr" (zu "Stille und Umkehr"), in: Neue Zeitschrift für Musik, Mai 1971, S. 260

347 d.s.: "Nürnberg: Engagement statt Ideologie - Zimmermanns 'Soldaten'", in: Neue Zeitschrift für Musik 8/1974, S. 508-09

348 Stranz, Ferdinand v.: "Bernd Alois Zimmermann - Die Soldaten", in: v.Stranz/Stauch: "Der große Opernführer", Hannover 1978, S. 732

349 Strobel, H.: "Deutschland seit 1945", in: Melos, Dez. 1963, S. 410-11

350 Stuckenschmidt, Hans Heinz: "Berliner Musik vor und in den Festwochen 1965", (zur UA der "Fünf Antiphonen für Viola und kleines Orchester"), in: Melos, Dez. 1965, S. 463-64

351 Stuckenschmidt, Hans Heinz: "The critic's column" (zu "Musique pour les soupers du Roi Ubu"),
in: The World of Music (Kassel), 2/1968, S. 3-4

352 d.s.: "Bergs 'Lulu' und andere Novitäten in Berlin" (zur UA der "Musique pour les soupers du Roi Ubu"), in: Melos, Apr. 1968, S. 160

353 d.s.: "Hamburgs Weltmusikfest mit Präsidentenwechsel und sieben Konzerten" (zum Concerto pour violoncelle et orchestre en forme de "pas de trois"), in: Melos, Juli/August 1969, S. 334

354 d.s.: "Blachers jüdische Komödie und moderne Konzerte bei den Berliner Festwochen" (zum Konzert für Trompete und Orchester "Darkey's Darkness"), in: Melos, Nov. 1969, S. 476

355 d.s.: "Westberliner mit ambulantem Hören und Sitzfreuden" (zu "Photoptosis"), in: Melos, Mai 1970, S. 194

356 d.s.: "Ein starker, ein freier Geist. Abschied von dem Komponisten Bernd Alois Zimmermann.", in: Melos, 9/1970, S. 349

357 Stürzbecher, Ursula: "Werkstattgespräch mit Bernd Alois Zimmermann",
in: Melos 11/1970, S. 446-449,

dasselbe in:
358 d.s.: "Werkstattgespräche mit Komponisten",
Köln: Gerig 1971, S. 152, und München 1973, S. 178ff.

359 Sutcliffe, J.H.: "Kassel" (zu "Die Soldaten"),
in: Opera News (New York), 21. Dez. 1968, S. 32-33

360 d.s.: "Cassel: 'Die Soldaten' triumphs",
in: Opera (London), Juni 1969, S. 251-53

361 Sutcliffe, T.: "Holland Festival" (zum "Requiem für einen jungen Dichter"),
in: Music and Musicians (London), Okt. 1971, S. 62-63

362 Thilman, J.P.: "Debakel des Nonkonformismus - das 41. Weltfestival des IGNM." (zu "Présence"),
in: Musik und Gesellschaft (Berlin Ost), Jan. 1968, S. 35

363 Thomas, Ernst: "Beispielsweise neue Vokalmusik" (zur UA von "Omnia tempus habent"), in: Neue Zeitschrift für Musik, Jan. 1959, S. 22

364 d.s.: "Neue Dialoge im Kölner Rundfunk" (zur UA der "Dialoge"),
in: Melos, Febr. 1961, S. 50

365 d.s.: "Eine Oper nach Lenz. Zimmermann-Uraufführung im Funkhaus",
in: Neue Zeitschrift für Musik 7-8/1963, S. 282

366 Trumpff, G.A.: "Die XVI. Kranichsteiner Ferienkurse und die 'Tage für Neue Musik' des Hessischen Rundfunks" (zur UA von "Présence"),
in: Neue Zeitschrift für Musik, Nov. 1961, S. 459

367 d.s.: "Stuttgart: John Crankos Choreographie zu Zimmermanns Cello-Sonate.", in: Neue Zeitschrift für Musik, Apr. 1967, S. 127

368 d.s.: "Tage zeitgenössischer Musik des Süddeutschen Rundfunks" (zur UA der "Dialoge"), in: Neue Zeitschrift für Musik, Mai 1968, S. 202

369 Trumpff, G.A.: "Schwetzingen: Festspiele im 17. Jahr" (zu "Présence"), in: Neue Zeitschrift für Musik, Juli-August 1968, S. 294-96

370 d.s.: "Mannheim: Neue Musik des Südfunks und Gottfried von Einems jüngste Oper" (zu "Intercomunicazione"), in: Neue Zeitschrift für Musik, Juni 1972, S. 344

371 Vermeulen, E.: "1971 Holland Festival" (auch in deutsch) (zu "Requiem für einen jungen Dichter" und "Die Soldaten"), in: Sonorum Speculum (Amsterdam) Nr. 46, Frühj. 1971, S. 10-15

372 d.s.: "Zimmermanns 'Soldaten) und 'Requiem' sind die stärksten Eindrücke beim Holland-Festival.", in: Melos, Nov. 1971, S. 486-87

373 Wagner, K.: "Hamburg: Apokalypse und Requiem. Zimmermanns Oper 'Die Soldaten' in Götz Friedrichs Inszenierung.", in: Melos/Neue Zeitschrift für Musik 1/1977, S. 35-37

374 Wagner, Renate: "Bernd Alois Zimmermann (1918-1970) - Die Soldaten", in: "Neuer Opernführer", Wiener Verlag 1978, S. 615-16

375 Walsh, Steven: "Zimmermann, Bernd Alois", in: The International Cyclopedia of Music and Musicians", Hrsg. Bruce Bohle, London 1975, S. 2509

376 Walter, Franz: "'Die Soldaten' de Zimmermann", in: Schweizerische Musikzeitung 4/1972, S. 239-40

377 Warnke, F.J.: "Munich" (zu "Die Soldaten"), in: Opera News (New York), 14. Juni 1969, S. 25-26

378 Weingarten, E.: "Düsseldorfs tänzerische Ambitionen; eine Uraufführung B.A. Zimmermanns." (zu "Musique pour les soupers du Roi Ubu"), in: Musikalische Jugend 3/1968, S. 6

379 Werker, G.: "Muziekfest 1963 I.S.f.C.M. te Amsterdam" (zur Sonate für Cello solo), in: Mens en Melodie (Utrecht),Juli 1963, S. 198

380 Wolters, Klaus: "Bernd Alois Zimmermann (*1918) 'Enchiridion', 'Konfigurationen'", in: K. Wolters/F. Goebels: "Handbuch der Klavierliteratur" Bd. 1, Zürich 1967, S. 556

381 Worbs, H.C.: "Im Strudel der Zeitspirale" (zu "Die Soldaten"), in: Musica 2/1977, S. 146

382 WWS (gez.): "Siegfried Palm beim 3. Frankfurter Musica-Viva-Konzert", in: Das Orchester, Mai 1971, S. 252

383 Wyttenbach, Jürg: "Musik von Bernd Alois Zimmermann. Zum Züricher Tonhalle-Konzert." ("Stille und Umkehr", "Ich wandte mich um und sah..."), in: Neue Zürcher Zeitung v. 5.1.1977, und in: Melos/Neue Zeitschrift f. Musik 4/1977, S. 335-336

384 Zender, Hans: "Gedanken zu Zimmermanns 'Soldaten'", in: Programmheft der Hamburgischen Staatsoper zu "Die Soldaten", 27. November 1976, und in: Musik und Bildung 10/1978, S. 653-654

385 Zijlstra, M.: "Het componeren van de avant-garde in de 2Oste eeuw.", in: Mens en Melodie (Utrecht), Jan. 1976, S. 4

386 Zöchling, Dieter: "Zimmermann - 'Die Soldaten'", in: "Die Oper, Westermanns farbiger Führer...", Braunschweig 1981, S. 681ff.

Nachtrag:

387 Zeidler, Maria: "Bernd Alois Zimmermann: 'Tempus loquendi...' pezzi ellittici per flauto grande, flauto in sol e flauto basso solo", in: Tibia, Magazin für Freunde alter und neuer Bläsermusik, Celle Mai 1986, S. 103-113.

Dieser Artikel übernimmt ohne Zustimmung in erheblichem Ausmaß die 1983 entstandene Erstfassung der hier vorliegenden Arbeit von Martina Hippe. Diese im Rahmen des Studiums für das Lehramt an Gymnasien ent= standene Zulassungsarbeit wurde für die Drucklegung überarbeitet.

DISKOGRAPHIE

"Die Soldaten"
Oper in vier Akten nach dem gleichnamigen Schauspiel von Jakob Michael Reinhold Lenz (1958-60)

Michael Gielen (Dir.), Gürzenich-Orchester der Stadt Köln,
Ensemble der Bühnen der Stadt Köln
Werkeinführung von Heinz Josef Herbort

Wergo WER 60030 I-III

"Die Soldaten"
Querschnitt als Vokal-Sinfonie für 6 Gesangs-Solisten und Orchester (1959)

H. Wakasugi (Dir.), Kertesz-Gabry, Killebrew..., Sinfonieorchester des WDR Köln
Reihe: Dokumentation - Zeitgenössische Musik in der BRD III, 1950-60
Hrsg. Deutscher Musikrat, Bonn
Komponistenportrait von Cl. Kühn und Werkeinführung von W. Konold

Harmonia Mundi/Deutscher Musikrat HM/DMR 1007 - 09

"Requiem für einen jungen Dichter"
Lingual (1967-69)

Michael Gielen (Dir.), D. Dorow (Sopran), G. Reich (Bariton),
RIAS-Kammerchor, Chor des ÖR Wien, Chor und Orchester des NOS Hilversum
Livemitschnitt vom Holland Festival 1971
Werkeinführung von Chr. Bitter und Erläuterungen zur Textstruktur von E.J. Bik

Kulturkreis im Bundesverband der Deutschen Industrie, Nr. 2891182

Konzert für Violine und großes Orchester (1949/50)

Siegfried Köhler (Dir.), Susanne Lautenbacher (Violine)
Orchester Radio Luxemburg

Fono Schallplatten Münster FSM 31061

Rudolf Alberth (Dir.), Heidrun Ganz (Violine),
Radio-Symphonie-Orchester Berlin
Reihe: Dokumentation - Zeitgenössische Musik in der BRD II, 1945-50
Hrsg. Deutscher Musikrat, Bonn
Komponistenportrait und Werkeinführung von Cl. Kühn

Harmonia Mundi/Deutscher Musikrat HM/DMR 1004 - 06

Concerto
pour violoncelle et orchestre en forme de "pas de trois" (1965/66)

Ernest Bour (Dir.), Siegfried Palm (Violoncello), Sinfonieorchester des Südwestfunks Baden-Baden
Werkeinführung von G. Kröll
mit anderen Werken von Zimmermann ("Photoptosis", Tratto II")

Wergo WER 60062

"Musique pour les soupers du Roi Ubu"
Ballet noir (1966)

Michael Gielen (Dir.), Sinfonieorchester des WDR Köln
Reihe: Dokumentation - Zeitgenössische Musik in der BRD V, 1960-70
Hrsg. Deutscher Musikrat, Bonn
Komponistenportrait und Werkeinführung von A.v. Imhoff
mit anderen Werken von Zimmermann ("Photoptosis", "Monologe", "Vier kurze Studien", "Stille und Umkehr")

Harmonia Mundi/Deutscher Musikrat HM/DMR 1013 - 15

"Photoptosis"
Prélude für großes Orchester (1968)

Hans Zender (Dir.), Radio-Symphonie-Orchester Berlin
Werkeinführung von G. Kröll
mit anderen Werken von Zimmermann (Concerto pour violoncelle et orchestre, Tratto II)

Wergo WER 60062

Ernest Bour (Dir.), Sinfonieorchester des Südwestfunks Baden-Baden
Reihe: Dokumentation - Zeitgenössische Musik in der BRD V, 1960-70
Komponistenportrait und Werkeinführung von A.v. Imhoff
mit anderen Werken von Zimmermann ("Monologe", "Musique pour les soupers.....", "Vier kurze Studien", "Stille und Umkehr")

Harmonia Mundi/Deutscher Musikrat HM/DMR 1013 - 15

"Stille und Umkehr" (1970)

Hans Zender (Dir.), Radio-Symphonie-Orchester des Hessischen Rundfunks
Reihe: Dokumentation - Zeitgenössische Musik in der BRD V, 1960-70
Hersg. Deutscher Musikrat, Bonn
Komponistenportrait und Werkeinführung von A.v. Imhoff
mit anderen Werken von Zimmermann ("Photoptosis", "Monologe", "Musique pour les soupers....", "Vier kurze Studien")

Harmonia Mundi/Deutscher Musikrat HM/DMR 1013 - 15

"Présence"
Ballet blanc en cinq scènes pour violon, violoncelle et piano (1961)

Saschko Gawriloff (Violine), Siegried Palm (Violoncello),
Aloys Kontarsky (Klavier)
zusammen mit "Intercomunicazione" von B.A. Zimmermann

Deutsche Grammophon DG 137008
Deutsche Grammophon (HÖR ZU) 2563126

"Présence"
Ballet blanc en cinq scènes... (Auswahl: Nr. 2 und 3)

Gawriloff/Palm/Kontarsky
Erläuterungen von Chr.-M. Schmidt und E. Neumann

Opus Musicum OM 116-18

"Perspektiven" (1955/56) und "Monologe" (1964)

Klavierduo Kontarsky
Erläuterungen von M. Lichtenfeld

Deutsche Grammophon DG 2531102

"Monologe" (1964)
Fassung der Dialoge für zwei Klaviere und Orchester (1960) für Klavierduo

Klavierduo Kontarsky
Reihe: Dokumentation - Zeitgenössische Musik in der BRD V, 1960-70
Hrsg. Deutscher Musikrat, Bonn
Komponistenportrait und Werkeinführung von A.v. Imhoff
mit anderen Werken von Zimmermann ("Photoptosis", "Musique pour les soupers....", "Vier kurze Studien", "Stille und Umkehr")

Harmonia Mundi/Deutscher Musikrat HM/DMR 1013 - 15

"Intercomunicazione"
per violoncello e pianoforte (1967)

Siegfried Palm (Violoncello), Aloys Kontarsky (Klavier)
zusammen mit "Présence" von B.A. Zimmermann

Deutsche Grammophon DG 137008

Improvisationen
über die Jazz-Episoden aus dem II. Akt, 2. Szene der Oper "Die Soldaten"

Manfred Schoof-Quintett

Wergo WER 60031

"Die Befristeten"
Ode an Eleutheria in Form eines Totentanzes für Jazz-Quintett (1967)
(aus der Musik zum Hörspiel "Die Befristeten" von Elias Canetti)

Manfred Schoof-Quintett
Werkeinführung von B.A. Zimmermann

Wergo WER 60031

"Tratto"
Komposition für elektronische Klänge (1966)

Werkeinführung von B.A. Zimmermann

Wergo WER 60031

"Tratto II"
Komposition für elektronische Klänge (1969)

Werkeinführung von G. Kröll
mit anderen Werken Zimmermanns (Concerto pour violoncelle et orchestre, Photoptosis)

Wergo WER 60062

Sonate
für Viola solo (1955)

Gérard Ruymen (Viola)

Schwann ams-studio 603

Sonate
für Violoncello solo (1959/60)

Siegfried Palm (Violoncello)

Wergo WER 60036

"Tempus loquendi..."
Pezzi ellittici per Flauto Grande, Flauto in Sol e Flauto Basso solo (1963)

Karlheinz Zöller (Flöte)
Electrola 1 C 063-28950

Frank Michael (Flöte)
Da camera Dca 92111

"Vier kurze Studien"
für Violoncello solo (1970)

Siegfried Palm (Violoncello)
Deutsche Grammophon DG 2530562

Siegfried Palm (Violoncello)

Reihe: Dokumentation - Zeitgenössische Musik in der BRD V, 1960-70
Hrsg. Deutscher Musikrat, Bonn
Komponistenportrait und Werkeinführung von A.v. Imhoff
mit anderen Werken von Zimmermann ("Photoptosis", "Monologe", "Musique pour les soupers...", "Stille und Umkehr")

Harmonia Mundi/Deutscher Musikrat HM/DMR 1013 - 15

"Sarabande"
für Klavier (o.J.)

Alfons Kontarsky (Klavier)

Electrola 1 C 053-28914